Lucha contra los delitos fiscales – Los diez Principios Globales (Segunda Edición)

OCDE

MEJORES POLÍTICAS
PARA UNA VIDA MEJOR

Por favor, cite esta publicación de la siguiente manera:
OECD (2021), *Lucha contra los delitos fiscales – Los diez Principios Globales (Segunda Edición)*, OECD Publishing, Paris, *https://doi.org/10.1787/ae62d2ca-es*.

ISBN 978-92-64-71169-3 (impresa)
ISBN 978-92-64-68757-8 (pdf)

Publicado originalmente por la OCDE bajo el título: OECD (2021), Fighting Tax Crime – The Ten Global Principles, Second Edition, OECD Publishing, Paris, *https://doi.org/10.1787/006a6512-en*

Traducido por la Administración Federal de Ingresos Públicos, Argentina (AFIP).

Las únicas versiones oficiales de este documento son los textos en inglés y/o en francés. La calidad de la traducción y su coherencia con el idioma original no son responsabilidad de la OCDE.

En caso de divergencias entre las versiones oficiales y esta traducción, prevalecerán los textos de las versiones oficiales.

Prefacio

Como presidente del Grupo de Trabajo sobre Delitos Fiscales y Otros Delitos (TFTC), tengo el honor de presentar la segunda edición de la guía "Lucha contra los delitos fiscales: los Diez Principios Globales". Esta nueva edición incluye contra-estrategias para abordar a los profesionales que permiten la comisión de delitos fiscales y otros delitos de cuello blanco, casos de estudio exitosos en la recuperación de activos (tales como criptomonedas) y mejores prácticas para la cooperación internacional en la lucha contra los delitos fiscales. También recopila los informes por país de 33 jurisdicciones, dentro de las que se encuentran los 27 miembros de la OCDE. Todas estas jurisdicciones están trabajando con el objetivo común de una implementación mundial plena de los Diez Principios Globales por medio del establecimiento de una norma común de aplicación de la ley tributaria e investigación fiscal para mejorar la cooperación internacional y construir relaciones de confianza entre las organizaciones responsables de la investigación de los delitos fiscales. En la actualidad, estos Diez Principios Globales se complementan con el Modelo de madurez para la investigación de delitos fiscales, lo que les permite a las jurisdicciones realizar una autoevaluación sobre el nivel de implementación y práctica de los Diez Principios Globales en sus investigaciones tributarias nacionales, que a su vez les brinda un claro camino a seguir para lograr mayores posibles mejoras.

El TFTC, creado en 2010 como sucesor del pequeño Sub-Grupo de Delitos Fiscales y Lavado de Dinero, también se ocupa de cuestiones estrechamente ligadas y frecuentemente interrelacionadas con el delito fiscal, tales como el lavado de dinero, el financiamiento del terrorismo y la corrupción, como así también asuntos transversales tales como el "enfoque del gobierno en su conjunto" establecido en el Diálogo de Oslo de la OCDE. La lista de informes publicados por el TFTC durante los últimos diez años es impactante. Tanto estos informes, como otro material pertinente están publicados en el sitio web de la OCDE.

Por más de 20 años he tenido a cargo la División Estratégica Anti-Fraude del Ministerio Federal Finanzas de Austria, y debo decir que el TFTC es un órgano único –lo fue entonces y lo es ahora– y su creación fue un hito de enorme importancia para la mejora de los esfuerzos internacionales en el abordaje de los delitos fiscales y otros delitos conexos. Miro hacia atrás con orgullo por mi participación desde el principio en este grupo y su extenso programa de trabajo.

Un logro excepcional del trabajo de la OCDE en el ámbito de la aplicación de la ley es haber conectado la lucha contra los delitos fiscales con la lucha contra el lavado de dinero. Las Recomendaciones del Consejo de la OCDE sobre las medidas fiscales para seguir luchando contra el cohecho de funcionarios extranjeros en las operaciones comerciales internacionales, y la facilitación de la cooperación entre las administraciones tributarias y otras agencias de aplicación de la ley en la lucha contra delitos graves, representan pasos cruciales para el intercambio efectivo de información entre las administraciones tributarias, otras agencias de aplicación de la ley y las unidades de inteligencia financiera. Además, es alentador ver a la OCDE trabajando para expandir la cooperación internacional en la lucha contra los delitos fiscales, inclusive la recuperación y repatriación de activos derivados de delitos fiscales.

Para el futuro, aprovecharé esta oportunidad para destacar tres áreas prioritarias en particular.

En primer lugar, la importancia de apoyar a los países en desarrollo y sus administraciones tributarias en el fortalecimiento de capacidades para lograr investigaciones exitosas de los delitos fiscales. En un mundo cada vez más interconectado económicamente, las amenazas económicas y financieras tales como el IVA trasfronterizo y otras formas de fraude fiscal, el lavado de dinero, la corrupción y los flujos financieros ilícitos, afectan a todas las jurisdicciones, tanto desarrolladas como en desarrollo. Además, sin un abanico completo de instrumentos y capacidades para combatir los delitos fiscales, los países en desarrollo pueden tener dificultades para asegurar un futuro económico más sostenible. Por ello, en 2013, se inauguró la Academia Internacional para la Investigación de Delitos Tributarios y Financieros de la OCDE en Ostia. Luego, entre los años 2017 y 2019, se crearon centros regionales para África en Nairobi, para Latinoamérica en Buenos Aires y para la región de Asia-Pacífico en Tokio. Sinceramente espero que la Academia funcione como un nodo de conocimiento para todos los países desarrollados y en desarrollo, permitiéndoles luchar mejor contra la evasión fiscal y otros delitos tributarios, incluyendo los mecanismos tributarios internacionales y los flujos financieros ilícitos.

En segundo lugar, debemos observar de cerca la efectividad de las prácticas y políticas de intercambio de información actuales. Si bien, por supuesto, es de gran importancia salvaguardar la confidencialidad de la información del contribuyente, esta puede ser una fuente importante para la evaluación de riesgos por delitos fiscales y lavado de dinero. En particular, creo que deberíamos analizar más a fondo cómo las unidades de inteligencia financiera pueden acceder de manera oportuna y eficiente a la amplia información sobre las cuentas financieras mantenidas por los contribuyentes fuera de su jurisdicción de residencia, que ahora se intercambia automáticamente bajo las Normas Comunes de Presentación de la Información de la OCDE (CRS). Por supuesto, existen una cantidad de cuestiones importantes que deben ser tomadas en consideración, pero espero que el TFTC pueda ayudar a crear una base de evidencia que fundamente por qué el intercambio de esta información puede ser una importante herramienta para abordar los delitos fiscales.

En tercer lugar, y en el mismo sentido, espero que el TFTC también pueda impulsar los debates sobre el intercambio de información sobre beneficiario efectivo entre los investigadores penales y esperemos que eso ocurra más cerca del tiempo real. Las sociedades fantasma que operan en múltiples jurisdicciones facilitan muchos delitos. Según los procedimientos tradicionales de solicitud de intercambio de información, el tiempo necesario para rastrear estas sociedades y comprender los intrincados vínculos que pueden existir entre ellas, puede terminar frustrando las investigaciones penales en algunos casos. En un mundo interconectado, donde la tecnología puede lograr mucho en tan poco tiempo, esta es un área en la que seguramente podemos mejorar.

Finalmente, quisiera nuevamente recomendarles la segunda edición de los Diez Principios Globales, que deberían guiarnos a nosotros y a nuestras administraciones asociadas hacia un trabajo conjunto más efectivo en la lucha contra los delitos fiscales. Sigamos colaborando, comunicándonos y cooperando.

Herwig Heller

Presidente del TFTC de la OCDE /
2019-2021

Director Anti-Fraude, Ministerio Federal
de Finanzas de Austria

Prólogo

"Lucha contra los delitos fiscales – Los Diez Principios Globales", publicado por primera vez en 2017, es la primera guía completa para la lucha contra los delitos fiscales. Sus diez principios esenciales cubren los aspectos legales, institucionales, administrativos y operativos necesarios para tener un sistema eficiente de lucha contra los delitos fiscales y otros delitos financieros, asegurando al mismo tiempo que se respeten los derechos de los contribuyentes. Esta segunda edición aborda nuevos desafíos, tales como la manera de tratar a los profesionales que posibilitan los delitos fiscales y de cuello blanco, y cómo fomentar la cooperación internacional en la recuperación de activos. Sobre la base de la experiencia de jurisdicciones en todos los continentes, el informe también destaca casos exitosos relacionados con activos virtuales, investigaciones complejas que involucran grupos de trabajo conjuntos y el uso de nuevas herramientas tecnológicas para combatir delitos fiscales y otros delitos financieros. El informe contiene capítulos individuales en los cuales las jurisdicciones han comparado su marco nacional con los Diez Principios Globales.

El presente documento fue elaborado por el Centro para la Política y Administración Fiscales (CPAF) de la OCDE y fue aprobado por el Grupo de Trabajo de la OCDE sobre Delitos Fiscales y Otros Delitos y el Comité de Asuntos Fiscales. La información contenida en este documento fue enviada por las autoridades pertinentes de cada jurisdicción participante y bajo su responsabilidad, la Secretaría no ha verificado su exactitud. La segunda edición de este informe fue elaborada por Marcos Roca de la Secretaría de la OCDE bajo la supervisión de Melissa Dejong y Peter Green. Los autores agradecen a todas las jurisdicciones participantes que se involucraron activamente en el proyecto a pesar de las restricciones impuestas por la pandemia del COVID-19.

El Comité de Asuntos Fiscales aprobó el presente informe el 4 de junio de 2021 y la Secretaría de la OCDE preparó su publicación.

Tabla de contenidos

FIGURAS

TABLAS

Siga las publicaciones de la OCDE en:

» http://twitter.com/OECD_Pubs

http://www.facebook.com/OECDPublications

http://www.linkedin.com/groups/OECD-Publications-4645871

http://www.youtube.com/oecdilibrary

http://www.oecd.org/oecddirect/

Abreviaturas y Acrónimos

AML	Lucha contra el lavado de dinero
EOI	Intercambio de Información
GAFI	Grupo de Acción Financiera
IBS	Impuesto sobre los bienes y servicios
IVA	Impuesto al Valor Agregado
MLAT	Tratado sobre asistencia judicial mutua
OCDE	Organización para la Cooperación y el Desarrollo Económicos
ROS	Reporte de Operación Sospechosa
TFTC	Grupo de Trabajo de la OCDE sobre Delitos Fiscales y Otros Delitos
TIEA	Acuerdo de Intercambio de Información Tributaria
UIF	Unidad de Inteligencia Financiera
UNODC	Oficina de Naciones Unidas contra la Droga y el Delito

Resumen ejecutivo

A medida que el mundo emerge de la pandemia del COVID-19, los delitos fiscales y financieros se vuelven más globales que nunca y, si no se controlan, pueden socavar el estado de derecho y la confianza pública en el sistema legal y financiero. Los desarrollos tecnológicos también están llevando a la aparición de nuevos riesgos, incluido el crecimiento de los delitos cibernéticos, el creciente uso indebido de las criptomonedas y una nueva generación de facilitadores profesionales sofisticados capaces de crear estructuras complejas y opacas, y mover dinero en tiempo real de manera creciente.

A medida que el mundo se recupera de los efectos de la pandemia, la lucha contra los delitos fiscales adquiere un nuevo imperativo. La situación exige una mayor cooperación internacional y que todas las jurisdicciones tengan un sólido conjunto de herramientas jurídicas y operativas nacionales para detectar, reprimir y sancionar eficazmente tanto a los infractores como a los facilitadores de los delitos fiscales.

En apoyo a estos objetivos, la presente guía actualiza la primera edición de los Diez Principios Globales para la lucha contra los delitos fiscales, que ha sido muy influyente al proporcionar un marco reconocido internacionalmente contra el cual los jurisdicciones pueden compararse e inspirarse. Los Diez Principios Globales cubren la gama completa de herramientas que las jurisdicciones deben esforzarse en tener vigentes, desde contar con leyes integrales que tipifiquen los delitos fiscales, hasta el establecimiento de una estrategia general contra los delitos fiscales para detectar amenazas y focalizarse en la actividad delictiva, así como contar con los mecanismos necesarios para confiscar el producto del delito una vez que haya una condena.

Esta nueva edición de los Diez Principios Globales brinda una actualización sobre su implementación en todo el mundo, con 33 capítulos por país donde se establecen tanto los avances logrados como las recomendaciones para mayores mejoras. El informe también resalta el valor de las agencias de investigación de los delitos fiscales, tanto en términos monetarios como por el impacto que tienen en el desmantelamiento del delito y en el mantenimiento de la confianza pública. Si bien este informe insta a otorgar a las agencias de delitos fiscales una amplia gama de facultades de investigación y ejecución, también destaca la importancia de los derechos de los sospechosos en el curso de una investigación, incluida la presunción de inocencia, el derecho a un abogado y el acceso a la plena divulgación de las pruebas incriminatorias.

A partir de la primera edición publicada en 2017, del trabajo adicional del Grupo de Trabajo de la OCDE sobre Delitos Fiscales y Otros Delitos (TFTC) y de los aportes recibidos de 33 jurisdicciones, la segunda edición de los Diez Principios Globales muestra que, en general, las jurisdicciones continúan mejorando sus capacidades para hacer frente a los delitos fiscales, tanto a nivel nacional como internacional. Todas las jurisdicciones encuestadas cuentan con leyes integrales que penalizan los ilícitos tributarios y con la capacidad de aplicar sanciones severas, que incluyen largas penas de prisión, multas sustanciales, incautación de activos y una variedad de sanciones alternativas. Las jurisdicciones generalmente tienen una amplia gama de facultades de investigación y ejecución, así como acceso a datos e inteligencia relevantes. Casi todas las jurisdicciones participantes consideran los delitos fiscales como delitos precedentes del lavado de dinero. Los derechos de los sospechosos se entienden casi universalmente de la misma manera y están consagrados en la ley.

No obstante, como fuera mencionado arriba, los delitos fiscales están cambiando dado que los delincuentes utilizan nuevas herramientas tecnológicas y los delitos transfronterizos se están generalizando. La segunda edición del presente informe subraya que las jurisdicciones deben participar activamente en la cooperación transfronteriza para la lucha contra los delitos fiscales, incluso mediante el uso de mecanismos de intercambio de información y la incorporación de contraestrategias en sus estrategias nacionales contra los facilitadores profesionales. A medida que los casos se tornan más complejos, se vuelve cada vez más importante establecer grupos conjuntos de trabajo y grupos de intercambio de inteligencia, tanto a nivel nacional como internacional.

Recomendaciones

Esta nueva edición de la guía de los Diez Principios Globales recomienda que las jurisdicciones se comparen con cada uno de los Principios. Esto incluye la identificación de áreas que requieren modificaciones en los aspectos jurídicos y operativos, tales como el aumento del tipo de facultades investigativas y de ejecución, la expansión del acceso a otros datos en poder del Estado, la elaboración o actualización de la estrategia para abordar los ilícitos tributarios y hacer mayores esfuerzos para la medición de los impactos.

También recomienda que las jurisdicciones que se han comprometido a apoyar el fortalecimiento de capacidades en asuntos fiscales de las jurisdicciones en desarrollo, a través de la Iniciativa Fiscal Addis(*Addis Tax Initiative*) o la Declaración de Bari del G7, entre otros, analicen cómo pueden trabajar mejor con las jurisdicciones en desarrollo para mejorar la investigación de delitos fiscales y promover una adopción más amplia de los Diez Principios. Entre las opciones se puede considerar aportar capacitadores expertos para la Academia Internacional de la OCDE para la Investigación de Delitos Tributarios y Financieros, unirse al programa piloto Inspectores Fiscales sin Fronteras para Investigaciones Penales, apoyar la implementación del Modelo de Madurez de la Investigación de Delitos Fiscalesy a través de otras iniciativas regionales o bilaterales.

El Grupo de Trabajo sobre Delitos Fiscales y Otros Delitos (TFTC) continuará su trabajo para facilitar la cooperación internacional en la lucha contra los delitos fiscales, particularmente en temas en los que se requiere una acción multilateral para abordar desafíos comunes, como la recuperación de activos y cómo abordar a los facilitadores profesionales.

Esto también podría incluir colaborar en la creación de una estrategia acordada para abordar los delitos fiscales que tienen elementos transfronterizos. Sobre la base de la experiencia recopilada en las iniciativas existentes, dicha estrategia podría incluir mecanismos de cooperación para la identificación de riesgos, incluida la posible ampliación de las fuentes de datos disponibles, y mecanismos para garantizar que los acuerdos de intercambio de datos e información estén disponibles y funcionen bien en la práctica.

Reseña de los Diez Principios Globales

La guía es parte del trabajo continuo de la OCDE relacionado con el Diálogo de Oslo (*Oslo Dialogue*), un enfoque del gobierno en su conjunto para la lucha contra los delitos fiscales y otros delitos financieros. La segunda edición de los Diez Principios Globales surge de la experiencia de las jurisdicciones en la aplicación de la primera edición del informe, publicado en 2017, del trabajo realizado por el Grupo de Trabajo sobre Delitos Fiscales y Otros Delitos (TFTC) desde entonces y de los aportes específicos recibidos de parte de más de 30 jurisdicciones en el mundo.

La segunda edición del presente informe analiza casos de estudio exitosos y mejores prácticas como fueran descriptas por las jurisdicciones participantes, a la vez que define tendencias emergentes en el ámbito de los delitos fiscales en particular y los delitos financieros en general. También se basa en las recientes publicaciones de la OCDE sobre el Modelo de madurez para la investigación de delitos fiscales (OCDE, 2020[1]) y "Acabar con los montajes financieros abusivos: Reprimir a los intermediarios profesionales que favorecen los delitos fiscales y la delincuencia de cuello blanco" (OCDE, 2021[2]).

Basándose en el conocimiento y la experiencia de las agencias gubernamentales de todo el mundo, esta guía establece Diez Principios Globales para luchar eficazmente contra los delitos fiscales. Cada principio se describe y complementa con ejemplos y prácticas actuales de todo el mundo.

Esta guía tiene tres propósitos:

1. Permitir que las jurisdicciones comparen su marco legal y operativo a los fines de identificar las prácticas exitosas que permitan mejorar sus procesos y sistemas para una eficaz lucha contra los delitos fiscales;
2. Permitir la medición y seguimiento del progreso de las jurisdicciones a través de actualizaciones periódicas;
3. Permitir que las jurisdicciones, tanto las desarrolladas como las que están en vías de desarrollo, articulen sus necesidades, incluida la incorporación de la guía en el plan de estudios de la "Academia Internacional para la Investigación de Delitos fiscales y Financieros"[1] de la OCDE.

Naturalmente, la implementación de los Diez Principios Globales por parte de las jurisdicciones refleja el contexto más amplio de su sistema legal, su práctica administrativa y su cultura. Por lo que le corresponde a cada jurisdicción decidir la mejor manera de implementar los principios de la forma más apropiada en el contexto de, y más coherente con, su marco legal, con la estructura organizacional para combatir los delitos fiscales y el cumplimiento de los compromisos y obligaciones asumidos por la jurisdicción según las normas, convenciones internacionales y, en el caso de los Estados miembros de la Unión Europea, el derecho de la Unión Europea.

Además, cada jurisdicción tiene una definición diferente de delito fiscal y una estructura organizativa diferente para investigar este tipo de ilícito y otros delitos financieros. Como tal, en este informe, las referencias al "delito fiscal" pretenden significar una conducta intencional que viola una ley tributaria, y puede ser investigada sujeta a juicio y sentencia de conformidad con los procedimientos penales dentro del sistema de justicia penal. Esta definición tiene la intención de ser lo suficientemente amplia como para contemplar las diferentes definiciones legales que pueden aplicarse en virtud de la legislación nacional. Su intención es abarcar la violación tanto de las obligaciones de la ley sobre impuesto sobre la renta, como de las obligaciones tributarias indirectas (como el IVA o el IBS). Esta edición del informe no incluye otros delitos financieros como la violación de las leyes de aduanas, e impuestos indirectos, corrupción, soborno o lavado de dinero, aunque, por supuesto, será de importancia también en esas áreas.

La presente guía brinda una imagen de las prácticas actuales a los fines de permitir que las jurisdicciones revisen y evalúen su propia implementación de los Diez Principios Globales, especialmente en comparación con pares relevantes. Esta guía incluye tablas y gráficos que reflejan datos estadísticos y de otro tipo, proporcionados por 33 jurisdicciones en respuesta a una encuesta realizada desde 2019 hasta principios de 2021. No obstante, las comparaciones deben hacerse con mucho cuidado en ausencia de leyes y prácticas uniformes en todas las jurisdicciones. En particular, las estadísticas compiladas no pueden ajustarse por variaciones en la terminología (términos y definiciones legales), impuestos y sistemas legales; el tamaño y la población de las jurisdicciones y el tamaño de las respectivas administraciones tributarias; diferentes enfoques hacia el riesgo tributario y tasas generales de cumplimiento; y otros enfoques / estrategias de cumplimiento aplicados (como la preferencia por sanciones civiles en lugar de procesos penales en ciertas circunstancias particulares). Como tal, las estadísticas en esta guía no deben considerarse de manera aislada, sino en el contexto del enfoque más amplio de una jurisdicción para el cumplimiento tributario y la lucha contra los delitos financieros.

Esta guía viene acompañada de capítulos individuales por país en los cuales las jurisdicciones se han comparado con los Diez Principios Globales. Si bien se pretende que el presente informe sea un documento abierto, disponible para toda jurisdicción que desee participar en el ejercicio de comparación en el futuro, las estadísticas y casos exitosos de estudio en la presente edición fueron actualizados por última vez en abril de 2021 y contienen datos de: Alemania, Argentina, Australia, Austria, Azerbaiyán, Brasil, Canadá, República Checa, Chile, Colombia, Corea, Costa Rica, España, los Estados Unidos, Estonia, Francia, Georgia, Grecia, Honduras, Hungría, Irlanda, Islandia, Israel, Italia, Japón, México, Noruega, Nueva Zelanda, los Países Bajos, el Reino Unido Sudáfrica, Suecia, Suiza.

Bibliografía

OCDE (2021), *Acabar con los montajes financieros abusivos: Reprimir a los intermediarios profesionales que favorecen los delitos fiscales y la delincuencia de cuello blanco*, OCDE, https://www.oecd.org/tax/crime/ending-the-shell-game-cracking-down-on-the-professionals-who-enable-tax-and-white-collar-crimes.htm.

OCDE (2020), *Modelo de madurez de la investigación de delitos fiscales*, OCDE, https://www.oecd.org/tax/crime/tax-crime-investigation-maturity-model.htm.

Nota

[1]Academia Internacional para la Investigación de Delitos fiscales y Financieros de la OCDE disponible en: https://www.oecd.org/tax/crime/tax-crime-academy.

Principio 1 Penalización de los ilícitos tributarios

Las jurisdicciones deben contar con un marco legal vigente para garantizar que las violaciones a la legislación tributaria se consideren como un delito y se penalicen en consecuencia.

Introducción

1.   La mayoría de los contribuyentes cumplen voluntariamente con sus obligaciones tributarias. Sin embargo, algunos contribuyentes perseveran en su incumplimiento y utilizan cualquier medio para eludir sus deberes fiscales. Es en relación con esos contribuyentes, cuyo cumplimiento no mejora a pesar del apoyo y el seguimiento, que el derecho penal juega un rol importante. Además, las acciones penales mejoran el efecto preventivo general y reducen el incumplimiento tributario.

2.   Las jurisdicciones llegan a diferentes conclusiones acerca de cuándo se justifica la aplicación del derecho penal. Las disposiciones de la ley penal definen las acciones consideradas como delitos fiscales, así como el tipo de sanciones penales que se consideran apropiadas. Estas acciones y sanciones penales no serán las mismas en todas las jurisdicciones.

3.   Cuando se trazan líneas divisorias entre el incumplimiento tributario y la conducta delictiva, es importante que las jurisdicciones tengan la posibilidad de aplicar sanciones penales por violaciones a la legislación tributaria. Desde un punto de vista preventivo, esto es por varias razones:

   i.   transmitir un mensaje sobre la integridad, neutralidad y equidad de la ley (es decir, que nadie está por encima de la ley);

   ii. actuar como un elemento disuasivo general para aquellas personas que podrían verse tentadas a evadir sus obligaciones tributarias, si se diera la oportunidad, proporcionando graves consecuencias reputacionales y punitivas de la actividad delictiva;

iii. actuar como un disuasivo específico para los individuos que han sido condenados y sancionados en el pasado, para que se vean desalentados a reincidir. La aplicación efectiva de las disposiciones penales para castigar a quienes han decidido no cumplir es esencial para hacer justicia y para fortalecer la credibilidad de las disposiciones penales y del sistema jurídico como tal.

4. La penalización de las violaciones a la legislación tributaria también asegura la disponibilidad de las facultades de investigación y ejecución penal necesarias para encontrar la verdad independientemente de la cooperación del acusado. En algunas jurisdicciones, esto también proporciona una base para la cooperación interna con otros organismos encargados de hacer cumplir la ley en virtud del derecho penal y la cooperación internacional, por ejemplo, mediante tratados y procedimientos de asistencia judicial recíproca.

5. La forma precisa de penalizar las violaciones de la legislación tributaria variará de una jurisdicción a otra. Cada jurisdicción tiene un sistema jurídico diferente, que refleja e interactúa con su cultura, política y entorno legislativo particular.

6. Cualesquiera que sean los detalles particulares del marco jurídico, éste será más eficaz si:

- La ley define claramente los delitos fiscales que son penalizados;
- Se aplica una sanción penal si se acredita el delito fiscal;
- Los ilícitos más graves se castigan con sanciones penales más graves; y
- Las sanciones penales se aplican en la práctica.

La ley debe definir claramente los delitos fiscales que son penalizados

7. Los ilícitos dentro de la categoría de delitos fiscales pueden definirse de manera general para abarcar una amplia gama de actividades tales como las acciones delictivas que pretenden defraudar al Estado. Un enfoque diferente se da cuando la ley tipifica los delitos específicos con más detalle, cada uno con requisitos individuales en cuanto a las acciones precisas que constituyen el ilícito.

8. Cualquiera que sea el enfoque que se tome, las jurisdicciones también pueden adoptar políticas diferentes respecto al umbral por sobre el cual un acto se clasifica como delito. Por ejemplo, las jurisdicciones pueden penalizar acciones que comienzan a partir del simple incumplimiento, como cualquier falta deliberada de presentar correctamente una declaración de impuestos. Otras jurisdicciones pueden aplicar el derecho penal a partir de un umbral más alto, en el que el incumplimiento deliberado de una obligación tributaria vaya acompañado de factores agravantes, tales como si el monto del impuesto evadido excede un determinado umbral, si el delito se comete repetidamente, cuando los ingresos imponibles se ocultan activa o maliciosamente, o cuando los registros o pruebas son deliberadamente falsificados. O bien, las jurisdicciones pueden haber establecido un umbral muy alto para tipificar los delitos fiscales, tales como el delito organizado con fines de lucro, o la evasión fiscal acompañada de circunstancias particularmente agravantes. La tabla debajo contiene ejemplos comunes de lo antedicho:

Categoría	Ejemplos
Ilícitos por incumplimiento (con independencia de la intención o el resultado)	- No proporcionar la información, documentos o declaraciones exigidas - No efectuar los registros pertinentes a efectos tributarios - No llevar registros - Llevar una contabilidad incorrecta - Realizar declaraciones falsas - Falta de pago
Ilícitos tributarios dolosos	- Destruir de información

	• Incumplir la legislación fiscal de forma deliberada para obtener ventajas financieras
	• Evadir impuestos o recibir devoluciones mediante fraude o prácticas ilegales
	• Reducir deliberadamente los impuestos utilizando documentos falsos o facturas ficticias
	• Utilizar documentos falsos para reducir los impuestos
	• Proporcionar, con dolo o negligencia grave, información engañosa en las declaraciones tributarias para obtener una ventaja fiscal
	• Obtener devoluciones o créditos de manera fraudulenta
	• Evadir impuestos en circunstancias agravadas, como un beneficio tributario considerable o realizado de forma metódica
	• Cometer sustracción o fraude al gobierno
	• Obstruir la actividad de un funcionario de la administración tributaria
	• Cometer ilícitos accesorios
Ilícitos específicos	• Celebrar un acuerdo para que una persona no pueda pagar impuestos
	• Cometer evasión fiscal como miembro de un grupo de crimen organizado
	• Cometer evasión fiscal comercial
	• Usar ilegalmente herramientas de software externas o programas de eliminación de ventas (zapper)
	• Suplantar identidad

9. Las jurisdicciones también deben penalizar el acto de ayudar, instigar, facilitar o permitir la comisión de un ilícito fiscal por parte de terceros, o la conspiración para cometer un ilícito fiscal ("accesorios"), como las acciones tomadas por facilitadores profesionales (ver debajo).

10. Las jurisdicciones pueden, por ejemplo, incluir estos delitos dentro de un estatuto o código que abarque todas las actividades delictivas, en una ley general de impuestos, en sus normas sobre el impuesto a la renta o al IVA u otros cuerpos legales específicos. Cualquiera que sea el enfoque utilizado, las disposiciones legales deben indicar los elementos que tipifican el delito. Esto incluye la articulación de la conducta o actividad específica que constituye el acto delictivo, así como el estado subjetivo requerido de la persona al cometer la actividad (tal como intención, imprudencia o negligencia grave). Estos delitos deben quedar plasmados en estatutos o códigos utilizando términos claros que eviten potenciales desacuerdos o malentendidos en relación con la terminología tanto por parte de los contribuyentes como del sistema de justicia penal.

11. Además de procesar a las personas, las jurisdicciones deberían poder enjuiciar a las personas jurídicas y a cualquier estructura o entidad legal por un delito fiscal. Por ejemplo, cuando la evasión fiscal ha sido llevada a cabo por una sociedad, puede no haber una persona identificable responsable del delito, pero los ilícitos pueden haber ocurrido debido a las acciones combinadas de varias personas emprendidas en su calidad de representantes de la sociedad. La ley puede responsabilizar penalmente a la persona o estructura jurídica y también imponer penas a los actores clave, tales como directores, funcionarios, agentes o empleados clave de la persona jurídica / estructura jurídica penalmente responsable. La posibilidad de considerar penalmente responsables a las entidades, entre los encuestados, es la siguiente:

Figura 1.1. Posibilidad de considerar a las entidades penalmente responsables

¿Es posible considerar a las entidades penalmente responsables por delitos fiscales?

Brasil, Colombia, Georgia, Alemania, Grecia, Italia, Azerbaiyán, Chile, Costa Rica

Argentina, Australia, Austria, Canadá, República Checa, Francia, Honduras, Hungría, Islandia, Irlanda, Israel, Japón, Corea, México, Países Bajos, Nueva Zelanda, Noruega, Sudáfrica, España, Suecia, Suiza, EE. UU., Reino Unido

▪ Sí ▪ No

Se aplica una sanción penal si se prueba el delito

12.   Las disposiciones legales deberían incluir una pena si se prueban los elementos del delito. Las sanciones deben ser diseñadas para fomentar el cumplimiento y prevenir el incumplimiento al proporcionar una amenaza creíble. La prescripción de la acción para imponer una sanción penal debe reflejar la gravedad del delito y la sanción prescrita. Una consecuencia práctica de tener un plazo de prescripción suficientemente largo para los delitos graves es que permite a los organismos tener tiempo suficiente para identificar y enjuiciar los actos delictivos. Esto es especialmente importante en los casos complejos que pueden tardar mucho tiempo en ser investigados y enjuiciados con éxito.

Figura 1.2. Pena de prisión máxima por delito fiscal (años) – Impuesto sobre la renta e IVA

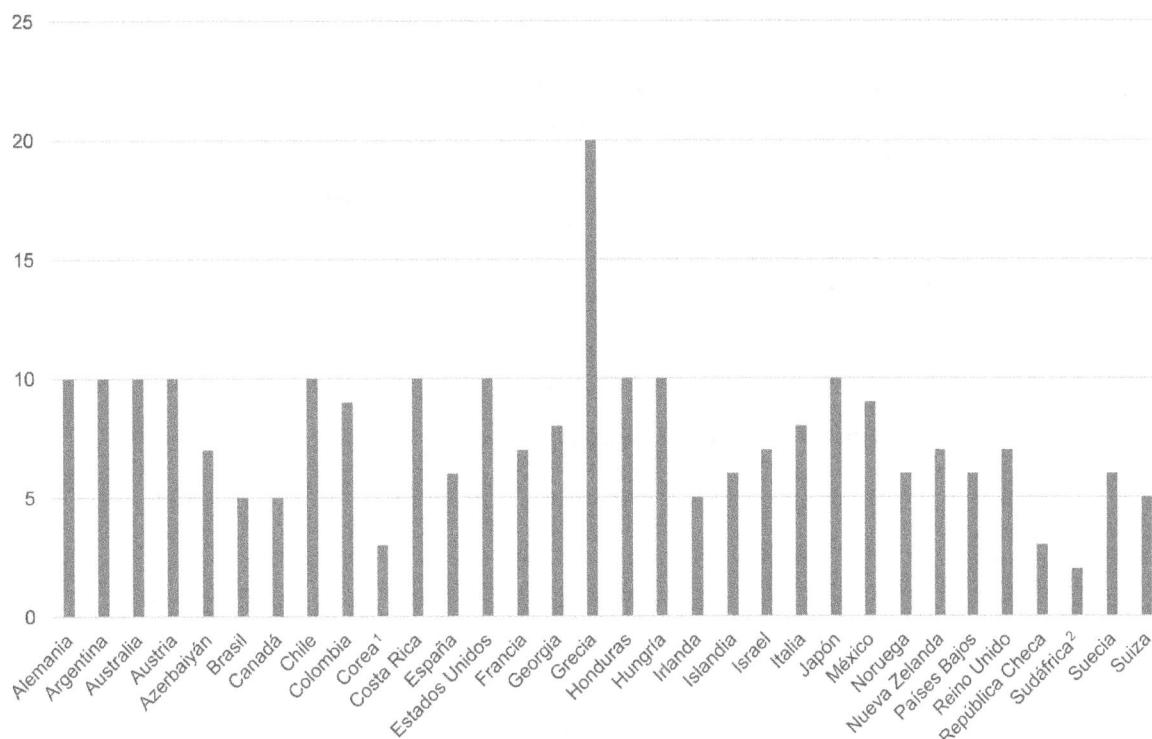

1. La legislación de Corea establece que los casos de evasión fiscal agravada, cuando el monto de los impuestos evadidos supera los KRW 500 millones anuales, puede ser sancionada con prisión por tiempo indefinido.
2. Sudáfrica señala que puede imponer sanciones significativamente más largas en caso de múltiples ilícitos y la sumatoria de las penas se dan de manera consecutiva o cuando se da el ilícito común de fraude.

Los ilícitos más graves se castigan con sanciones penales más graves

13.   Existe un conjunto de comportamientos que pueden constituir un delito fiscal. Para lograr los objetivos de tipificación de los delitos tributarios mencionados anteriormente, las conductas más graves o los delitos cometidos en circunstancias más graves deberían ser punibles con sanciones penales más graves, en proporción con la naturaleza del delito.

14.   Como se mencionó anteriormente, cada jurisdicción tendrá su propio enfoque para tipificar los delitos y su gravedad. Sea cual fuere el enfoque, la gravedad del ilícito debe corresponder a la gravedad de las consecuencias para el delincuente.

Existe un régimen sancionatorio para enjuiciar a los facilitadores profesionales

15.   A pesar de que la mayoría de los profesionales cumplen con la ley y desempeñan un papel importante en ayudar a las empresas y personas a comprender y cumplir con la legislación, las jurisdicciones deben tener vigente un régimen sancionatorio para abordar el pequeño subgrupo de profesionales que utilizan sus habilidades y conocimientos para facilitar que sus clientes cometan delitos tributarios y otros delitos financieros. Estos profesionales, entre los que podemos encontrar abogados, contadores y asesores tributarios, desempeñan un papel integral para facilitar que los contribuyentes defrauden al gobierno y evadan sus obligaciones tributarias, incluso mediante el diseño de estructuras y

esquemas no transparentes para ocultar la verdadera identidad de las personas físicas detrás de las actividades ilícitas cometidas.

16.   Los gobiernos reconocen cada vez más la necesidad de perseguir activamente a los facilitadores profesionales. Varias jurisdicciones respondieron que los cómplices, incluso los facilitadores profesionales, son penalmente responsables y en la mayoría de los casos pueden ser considerados responsables por el mismo delito y recibir la misma sanción penal. En algunos casos, la persona puede ser sometida a un aumento de la pena, por ejemplo, cuando es un profesional tributario y su facilitación del delito es considerado como un factor agravante. También existen jurisdicciones que además aplican importantes sanciones civiles a los facilitadores o promotores profesionales. Sobre la base de la encuesta, la tabla debajo muestra un desglose de lo antedicho:

Tabla 1.1. Tipos de regímenes vigentes para el enjuiciamiento de facilitadores profesionales

Pueden ser procesados conforme las reglas generales para delincuentes primarios o secundarios	Régimen sancionatorio especial	Sin sanción penal
Austria	Argentina[1]	Australia
Alemania	Chile[2]	Francia[3]
Azerbaiyán	Corea	Irlanda[5]
Brasil	Estados Unidos	Países Bajos[4]
Canadá	Israel	
Colombia	Italia	
Costa Rica	México	
República Checa[6]	Reino Unido	
España	Suecia	
Francia		
Georgia		
Grecia		
Honduras		
Hungría		
Japón		
Noruega		
Nueva Zelanda		
Países Bajos		
Sudáfrica		
Suiza		

1. Sanción especial para facilitadores profesionales en la Ley de Delitos Fiscales.
2. Ilícito especial en el Código Tributario.
3. Francia puede aplicar tanto las reglas generales de la participación penal primaria/secundaria y una sanción administrativa.
4. Los Países Bajos pueden aplicar tanto las reglas generales de la participación penal primaria/secundaria y una sanción administrativa.
5. Los consejos profesionales pueden aplicar sanciones, inclusive la inhabilitación.
6. Puede ser considerada como circunstancia agravante.

Que las sanciones penales se apliquen en la práctica

17.   La ley que tipifica los delitos fiscales debe aplicarse. Cuando el delito es probado en un proceso judicial, se debe aplicar la pena que sea más efectiva y apropiada según los hechos y circunstancias. Las sanciones deben aplicarse de forma justa y consistente.

18.   Dependiendo del caso, imponer una multa pecuniaria puede ser adecuado. Por ejemplo, en las jurisdicciones encuestadas donde los datos estaban disponibles, las autoridades competentes impusieron multas con respecto a violaciones de la ley tributaria por montos mayores a EUR 1,4 mil millones en 2017.

19.   Puede resultar adecuado aplicar tipos alternativos de sanciones penales, dependiendo del caso. Estos pueden incluir servicios comunitarios, "señalar y avergonzar" a los delincuentes o facilitadores, inhabilitación para cubrir ciertos puestos, suspensión de licencias u otros privilegios, órdenes específicas para renunciar o devolver activos, o una combinación de los anteriores

20.   9 de las 31 jurisdicciones encuestadas respondieron que han utilizado sanciones distintas del encarcelamiento o una multa entre 2015 y 2018.[1]

Figura 1.3. Sanciones alternativas impuestas entre 2015 y 2018 con relación a ilícitos tributarios

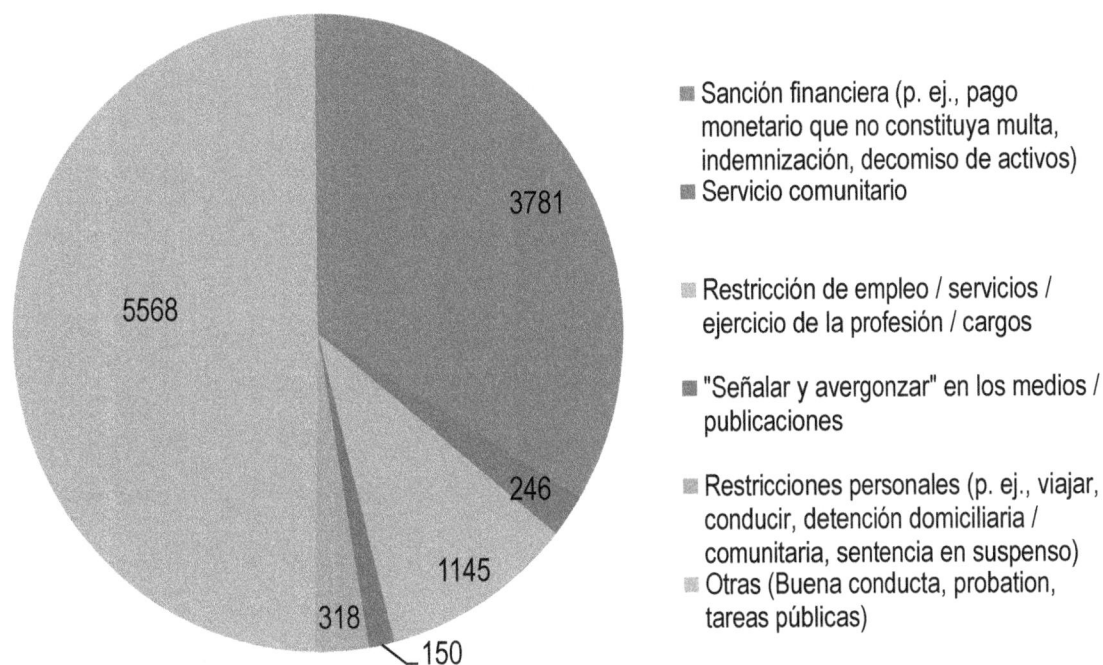

- Sanción financiera (p. ej., pago monetario que no constituya multa, indemnización, decomiso de activos)
- Servicio comunitario
- Restricción de empleo / servicios / ejercicio de la profesión / cargos
- "Señalar y avergonzar" en los medios / publicaciones
- Restricciones personales (p. ej., viajar, conducir, detención domiciliaria / comunitaria, sentencia en suspenso)
- Otras (Buena conducta, probation, tareas públicas)

Bibliografía

OCDE (2021), *Acabar con los montajes financieros abusivos: Reprimir a los intermediarios profesionales que favorecen los delitos fiscales y la delincuencia de cuello blanco*, OCDE, https://www.oecd.org/tax/crime/ending-the-shell-game-cracking-down-on-the-professionals-who-enable-tax-and-white-collar-crimes.htm.

Nota

[1] Australia, Azerbaiyán, Canadá, República Checa, Francia, Georgia, México, Nueva Zelanda, Estados Unidos.

Principio 2 Tener una estrategia efectiva para abordar los delitos fiscales

A fin de garantizar la eficacia de la legislación sobre los delitos fiscales, las jurisdicciones deben tener una estrategia para hacer frente a los delitos fiscales. La estrategia debe ser revisada y monitoreada periódicamente.

Introducción

21.   A los fines de que el abordaje de los delitos fiscales sea más efectivo, las autoridades fiscales deben contar con una serie de estrategias para fomentar el cumplimiento, para responder eficazmente a las diferentes actitudes que toman los contribuyentes en el cumplimiento de sus obligaciones. A fin de garantizar que las leyes relacionadas con los delitos fiscales sean efectivas en la práctica, debe idearse una estrategia coherente para hacer cumplir la ley. Una estrategia global puede describirse como un documento que indica el objetivo de las autoridades fiscales, identifica los riesgos relevantes de incumplimiento de la legislación fiscal y establece el plan para abordar esos riesgos.

22.   En general, debería existir una estrategia general de cumplimiento fiscal que abarque toda la gama de cumplimiento: desde el estímulo o facilitación del cumplimiento voluntario; pasando por el abordaje del incumplimiento inadvertido; hasta la lucha contra la elusión, la evasión y los delitos graves. No obstante, la estrategia específica se debería basar en el sistema jurídico, contexto político, entorno legislativo y estructura general de la aplicación de la ley de cada jurisdicción. La siguiente figura muestra ejemplos de medidas que se pueden tomar para mejorar el cumplimiento.

			Investigaciones y fiscalizaciones
Fraude fiscal (crimen organizado grave)	Lucha y prevención del fraude		• Acciones judiciales y sanciones
			• Eliminación de los círculos financieros legales
			• Cooperación con el sistema judicial /policía
Evasión fiscal (economía sumergida, subdeclaración de rentas, empleo irregular)	Controles y sanciones	Medidas contra el fraude	• Controles, investigaciones
			• Fiscalizaciones (análisis de riesgo)
			• Acciones judiciales y sanciones
			• Recaudación de impuestos
Elusión fiscal (planificación fiscal agresiva, modelos de elusión)	Supervisión y cooperación		• Gestión del riesgo
			• Controles del personal de oficina y de campo
			• Primeras visitas oficiales
			• Recaudación de impuestos
Cumplimiento de las obligaciones fiscales (declaración voluntaria, cumplimiento pleno de las obligaciones fiscales)	Asistencia y simplificación		• Información y formularios
			• Cooperación con grupos de interés
			• Supervisión trasversal
			• Resoluciones anticipadas

Identificar los riesgos y las amenazas

23. Una estrategia puede ser más efectiva si se realiza una evaluación de las amenazas por primera vez, ya que conocer las amenazas pertinentes asegurará que la respuesta se pueda dirigir hacia su abordaje. Todas las autoridades fiscales tienen un nivel finito de recursos que deben asignarse eficientemente sobre la base de las prioridades. Para hacer esto, la autoridad tributaria debe tener un proceso de identificación de amenazas que se presentan para la aplicación de las leyes tributarias, y qué tan serias son. Idealmente, una evaluación de amenazas incluye riesgos actuales, emergentes y futuros.

24. El beneficio de realizar evaluaciones periódicas de amenazas es que proporciona una base estructurada para considerar activamente los riesgos actuales, emergentes y futuros. Dicho proceso respalda la mejora de la toma de decisiones mediante el establecimiento de prioridades informadas sobre cómo abordar de manera más efectiva los distintos grados de incumplimiento, incluyendo la lucha contra los delitos fiscales.

25. Una evaluación de amenazas identifica los riesgos específicos de los delitos fiscales que prevalecen en la jurisdicción. Esto debería tener en cuenta el contexto o el entorno particular (cultural, político, legal, económico y tecnológico) y, cuando sea pertinente, aprovechar los conocimientos de otras agencias responsables de la lucha contra los delitos financieros. Puede ser efectivo priorizar las amenazas en términos de la probabilidad de que tales amenazas se efectiven y la gravedad del impacto si tales amenazas se materializan.

26. Varias jurisdicciones encuestadas toman medidas para identificar y evaluar las amenazas de manera continua. Esto a menudo se da como análisis ambientales regulares, inteligencia y análisis de tendencia / pronóstico. Se suele tener en cuenta una amplia gama de fuentes de inteligencia para identificar amenazas emergentes, como toda la información disponible en la autoridad tributaria; observaciones de los investigadores y comentarios de casos completos; bases de datos de activos; datos

de transacciones monetarias; inteligencia de código abierto e inteligencia de otras agencias como la policía, los servicios sociales, el Ministerio Público, los servicios contra la corrupción, de contratación pública, laborales, las aduanas, las autoridades de inmigración o fronterizas, así como del sector privado y del público en general. Varias jurisdicciones informaron que el análisis de las amenazas contempla el posible impacto en los ingresos, la frecuencia de la amenaza, la probabilidad de que se materialice la amenaza y la coherencia con otras prioridades estratégicas.

27.   Los resultados de la evaluación de amenazas pueden ayudar a identificar necesidades específicas, tales como establecer un grupo de trabajo interinstitucional para abordar un riesgo particular, lanzar una campaña de sensibilización pública, crear capacidades técnicas en un área particular, comprometerse con el sector privado o informar la necesidad de reformas de la ley.

Elementos clave de una estrategia global

28.   Hay muchas formas diferentes de diseñar una estrategia global. El siguiente diagrama ilustra un posible enfoque para preparar una estrategia, incluida la necesidad de contar con los resultados para la retroalimentación en la revisión de la estrategia.

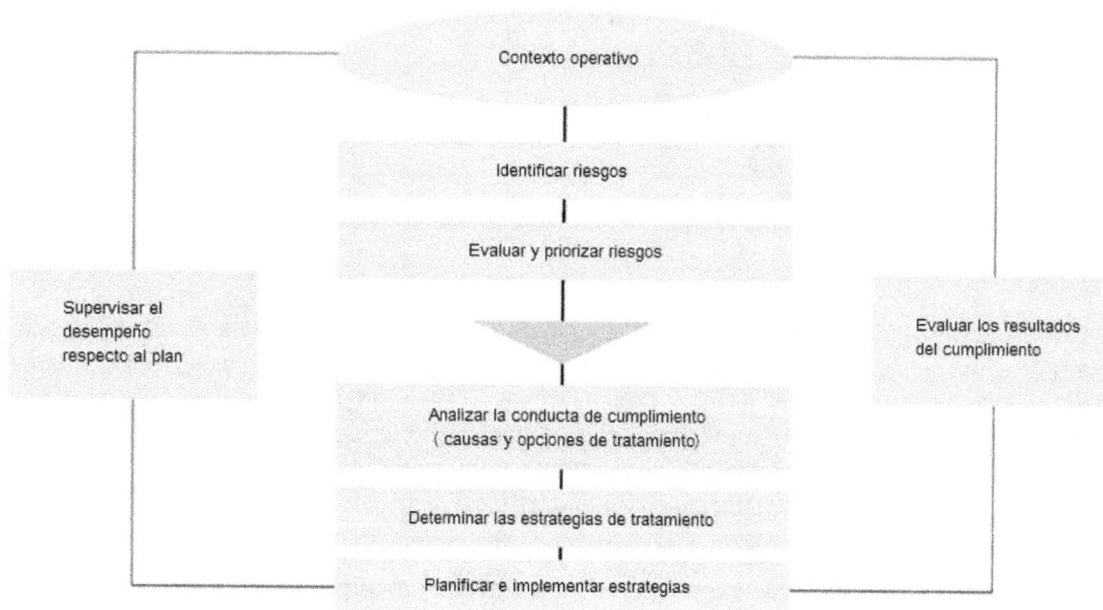

Fuente: (Russell, 2010[3])

29.   Teniendo en cuenta la evaluación de las amenazas, se puede preparar una estrategia eficaz que incluya los siguientes elementos

- Definir los objetivos / indicadores de rendimiento / resultados. Por ejemplo, esto podría organizarse en torno a los objetivos de prevención, detección y aplicación o sanción.

- Articular los recursos disponibles para abordar estos riesgos (incluyendo facultades legales, financiamiento, personal, experiencia, actores de otras agencias gubernamentales, fuentes de inteligencia, herramientas de investigación e implementación, inclusive cooperación nacional e internacional).

- Identificar los desafíos que tiene la autoridad tributaria para poder abordar los riesgos y cómo se los puede mitigar.

- Elaborar un plan operativo para alcanzar los objetivos de los riesgos identificados, utilizando los recursos y herramientas disponibles y la aplicación de la ley penal.

- Preparar una estrategia de comunicación. Esto es importante para dar forma a las percepciones y afectar el comportamiento del público, ya que puede ser un recordatorio de las graves sanciones penales que pueden imponerse y actuar como elemento disuasorio cuando se procesan casos de alto perfil. También puede ayudar a educar al público y crear confianza pública en la aplicación justa de las leyes tributarias.

- Un plan para revisar periódicamente el desempeño y medir la efectividad e impacto de la estrategia de cumplimiento.

30. Es importante que la estrategia se base en consultas amplias con todas las partes interesadas relevantes, como los responsables políticos, los investigadores, los funcionarios encargados del cumplimiento de ley y el enjuiciamiento, y otras agencias como las autoridades AML, siempre de conformidad con el sistema legal, el entorno político y legislativo de cada jurisdicción y la estructura de la aplicación de la ley. En particular, dado que es probable que los delitos fiscales graves planteen otras cuestiones de derecho penal, como el lavado de dinero (especialmente porque los delitos fiscales son en la mayoría de los casos un delito predicado para el lavado de dinero, como se establece en el principio 7 a continuación), las jurisdicciones deberían considerar incluir los delitos fiscales en una estrategia general de delincuencia grave o una estrategia específica para abordar los delitos financieros. Varias jurisdicciones elaboran sus estrategias en coordinación con otras agencias, como unidades anticorrupción y de delincuencia económica, policía, fiscalías, unidades de inteligencia financiera, aduanas, reguladores de valores y el ministerio de justicia. Por ejemplo:

- Noruega tiene una estrategia nacional para abordar el mercado laboral informal y los delitos económicos.

- Austria tiene una estrategia específica de Cumplimiento Fiscal y Aduanero, así como Estrategias de Seguridad Interna anuales que se enfocan más ampliamente en delitos económicos y lavado de dinero.

- La autoridad fiscal del Reino Unido contribuye a la Evaluación Estratégica Nacional para Delitos Graves y Organizados.

31. También es importante que la estrategia para abordar los delitos fiscales incluya un mecanismo para que los funcionarios tributarios penales y no penales compartan conocimientos especializados, procesos e inteligencia. Esto se debe a que los funcionarios responsables de asuntos fiscales no penales y de asuntos penales a menudo tendrán una relación simbiótica; por ejemplo, la función no penal tendrá inteligencia relevante para investigar delitos fiscales, tanto en casos específicos como en tendencias generales. Del mismo modo, la función penal también tendrá información relevante para el cumplimiento tributario civil, incluso en casos donde no fue posible proseguir una condena penal, pero una auditoría civil puede ser apropiada o cuando la información sobre una condena penal puede resultar útil para iniciar un proceso civil.

32. La coordinación estratégica entre los funcionarios fiscales penales y no penales ayudará a garantizar un uso coherente de los recursos, una priorización eficiente de los casos y evitará la duplicación de esfuerzos por parte de la administración tributaria y los funcionarios encargados de la aplicación de la ley penal. También debería aumentar el cumplimiento del contribuyente en general, proporcionar un efecto disuasorio cuando el público esté al tanto de la cooperación efectiva entre las funciones penales y no penales, y mejorar la imparcialidad percibida para el contribuyente cumplidor. Esta coordinación también deberá tener en cuenta los mecanismos para proteger los derechos de una persona siempre y cuando un asunto tenga aspectos delictivos (ver el principio 10 para obtener más información).

33. Todas las jurisdicciones encuestadas tienen un proceso para que los funcionarios tributarios civiles deriven las sospechas de delitos fiscales a la autoridad pertinente, y en muchos casos existe la

obligación legal de hacerlo. Las características clave que aseguraron la efectividad de este proceso incluyen la capacitación de funcionarios impositivos civiles para poder identificar indicadores de un delito; tener un punto de contacto central claramente identificado para enviar referencias; utilizando un formulario estándar que asegurara que todos los datos relevantes sean capturados para su uso por la autoridad de investigación penal; y reuniones de retroalimentación entre los investigadores civiles y penales, incluso durante el proceso para decidir cómo proceder con las derivaciones individuales.

34.   Los pasos exactos para las remisiones dependerá del marco legal y operativo de cada jurisdicción. Por ejemplo, los fiscalizadores tributarios civiles en jurisdicciones tales como Argentina y Brasil tienen la obligación legal de informar toda sospecha de delito, inclusive los delitos fiscales, a las agencias competentes de aplicación de la ley.

35.   En Francia, las sospechas de delitos fiscales que lleven a devoluciones impositivas de más de EUR 100.000 son informadas de manera directa al Ministerio Público. Los casos por montos menores a EUR 100.000 son remitidos a la *Commission des Infractions Fiscales* (CIF),autoridad administrativa independientes cuyo mandato es analizar la referencia antes de enviarla al Ministerio Público. Francia señala que en 2019 remitió obligatoriamente 965 fiscalizaciones civiles para investigación penal, y que el CIF había permitido el inicio de otras 672 investigaciones penales por fraude fiscal de menos de EUR 100.000 en el mismo período.

36.   La Agencia de Ingresos de Canadá toma en consideración la remisión de las sospechas de delitos fiscales en sus Indicadores Clave de Desempeño.

Ejemplos de estrategias para abordar los delitos fiscales implementadas por las jurisdicciones

37.   El Reino Unido tiene un conjunto de documentos que contribuyen a su estrategia general para la prevención, investigación y enjuiciamiento de delitos fiscales. En marzo de 2019, *Her Majesty's Revenue & Customs* (HMRC, por sus siglas en inglés, autoridad tributaria y aduanera del Reino Unido), en asociación con *Her Majesty's Treasury* (HMT, por sus siglas en inglés, Tesorería de Su Majestad) publicó el enfoque que el Reino Unido utiliza para abordar la evasión, elusión fiscales y otras formas de incumplimiento. (HMRC & HMT, 2019[4]) Este documento delinea la estrategia y enfoque del Reino Unido para con el cumplimiento de los diferentes contribuyentes. Como parte de su estrategia general, el Reino Unido lleva adelante evaluaciones intensivas de amenazas, y el HMRC consulta con una variedad de partes interesadas, incluidas agencias de aplicación de la ley, otros departamentos gubernamentales, socios internacionales y el sector privado.

38.   El Servicio de Información Fiscal e Investigación (FIOD) de los Países Bajos, trabaja en estrecha cooperación con la Administración Tributaria y Aduanera (NTCA) y el Ministerio Público (OM) en lo que describe como una "práctica de aplicación combinada". La estrategia requiere un proceso de toma de decisiones rápido y flexible apoyado en directrices y protocolos. Por ejemplo, el "Protocolo para la notificación y liquidación de ilícitos tributarios y delitos relacionados con asuntos aduaneros y subsidios" describe como FIOD, NTCA y OM toman decisiones conjuntas sobre la procedencia o no de abrir una investigación penal de los ilícitos tributarios y aduaneros (sobre la base de la intencionalidad de los actos, los montos involucrados, etc.). Además, estos tres organismos también celebran anualmente un "Acuerdo de Estrategia de Aplicación" que establece un plan para abordar las violaciones a la legislación y normas fiscales, financieras y económicas. El plan incluye acuerdos de cooperación entre las partes intervinientes en la aplicación de la ley, el uso de intervenciones, el impacto de los procesamientos sobre la sociedad y desarrollos a futuro. El uso de los medios, la digitalización, la innovación y la priorización de temas relevantes son tenidos en cuenta en esta estrategia.

Muchas jurisdicciones cuentan con equipos dedicados al trabajo del cumplimiento especializados en un área problemática determinada, tales como, la selección de facilitadores asociados a múltiples empresas fantasma o que comercializan el uso estructuras offshore. Por ejemplo, ciertas jurisdicciones han recopilado información sobre facilitadores profesionales relacionados con empresas o proveedores de servicios offshore a los fines de utilizarla en el análisis de datos o estrategias de fiscalización. Los aportes de las jurisdicciones muestran que las jurisdicciones offshore, conocidas como "puntos críticos" de la actividad de estructuras específicas de evasión, con frecuencia son utilizadas de manera repetida por los mismos facilitadores profesionales. Una vez que se descubre una estructura en particular o un proveedor de servicios maliciosos, esto le otorga a las autoridades tributarias la capacidad de seleccionar otras estructuras establecidas por los mismos facilitadores profesionales. Sin embargo, los comentarios también muestran que estos puntos críticos pueden fluctuar, por ejemplo, en respuesta a la detección o cuando se diseña una nueva estrategia y, por lo tanto, las estrategias nacionales de facilitación profesional deben ser flexibles para adaptarse a la nueva información e inteligencia recibidas.

Para que los ejercicios de evaluación de riesgo incluyan un análisis de la participación de facilitadores profesionales, se pueden utilizar algunos de los siguientes indicadores:

- La sociedad no se encuentra en las instalaciones declaradas
- Direcciones de entidades o sus directores no rastreables
- Múltiples empresas fantasmas con la misma dirección
- Múltiples empresas con directores en común
- Dirección registrada de una empresa en una Casilla Postal conocida por negocios ilícitos
- Profesionales con altos niveles de facturación relacionada con la liquidación de pequeñas empresas
- Profesionales que promueven mecanismos tributarios sobre la base de primas u honorarios contingentes, o la protección contractual que garantiza la cobertura de pasivos financieros derivados del esquema tributario
- Una misma persona nombrada como director múltiples veces, al punto de que el cumplimiento de los deberes de director de manera sustancial y significativa no es posible
- Intermediarios tributarios con un historial de bajo cumplimiento tributario y de presentación de declaraciones
- Personas asociadas a facilitadores profesionales conocidos
- Personas asociadas a estructuras de evasión fiscal conocida
- Personas asociadas a estructuras offshore conocidas que oscurecen al beneficiario efectivo a los fines de facilitar conductas fraudulentas

Fuente: (OCDE, 2021[2])

39.   La estrategia en materia de delitos fiscales de Israel busca profundizar la cooperación entre la policía israelí, la Autoridad Tributaria de Israel (ITA), la Autoridad de Valores, el Ministerio de Justicia, la

Autoridad Antimonopolio y la Autoridad AML. El resultado de esta estrategia es una nueva estructura combinada de aplicación que mejora la capacidad de estos organismos para llevar adelante operaciones de aplicación conjuntas. Israel señala que esta nueva estructura de aplicación dio lugar a una cantidad de investigaciones que de otro modo no hubieran sido posibles, en las que cada organismo aporta su experiencia. Además, la ITA organiza reuniones con profesionales jurídicos y tributarios (de asociaciones tales como el Colegio de Abogados de Israel, el Consejo de Contadores y asesores tributarios) a los fines de promover una mejor aplicación de la legislación tributaria.

Bibliografia

HMRC & HMT (2019), *Tackling tax avoidance, evasion, and other forms of non-compliance*, https://assets.publishing.service.gov.uk/government/uploads/system/uploads/attachment_data/file/785551/tackling_tax_avoidance_evasion_and_other_forms_of_non-compliance_web.pdf. [2]

OCDE (2021), *Acabar con los montajes financieros abusivos: Reprimir a los intermediarios profesionales que favorecen los delitos fiscales y la delincuencia de cuello blanco*, OCDE, París, https://www.oecd.org/tax/crime/ending-the-shell-game-cracking-down-on-the-professionals-who-enable-tax-and-white-collar-crimes.htm. [3]

Russell, B. (2010), *Revenue Administration: Developing a Taxpayer Compliance Program*, International Monetary Fund, Washington D.C., https://www.imf.org/en/Publications/TNM/Issues/2016/12/31/Revenue-Administration-Developing-a-Taxpayer-Compliance-Program-23949. [1]

Principio 3 Tener facultades investigativas adecuadas

Las jurisdicciones deben tener facultades investigativas adecuadas para investigar con éxito los delitos fiscales.

Introducción

40.   El propósito de una investigación penal por delitos tributarios es encontrar la verdad investigando el supuesto comportamiento delictivo tributario. Al llevar a cabo una investigación, los investigadores penales generalmente tratarán de encontrar y analizar información para determinar si se ha cometido o no un delito. Las investigaciones pueden resultar en hallar evidencias incriminatorias ("inculpatorias") y pruebas que confirman la inocencia ("evidencia exculpatoria"). Esto se utiliza para que las autoridades de la fiscalía decidan si procesar o no al acusado. A medida que los delincuentes buscan ocultar el carácter penal de su conducta, las agencias de aplicación de la ley penal necesitan un rango adecuado de facultades de investigación para obtener la información necesaria. En particular, en el contexto de la investigación de los ilícitos tributarios, es de gran valor poder investigar con efectividad la fuente y movimiento de los activos financieros. Ello puede resultar crucial para establecer si hubo fraude e identificar el rol de un intermediario o cómplice, aún si los activos no fueron transferidos.

41.   Dependiendo de qué agencia tenga la responsabilidad de investigar los crímenes tributarios (ver el Principio 5 para más detalles), la naturaleza y el alcance de las facultades de investigación en un organismo particular pueden variar. En general, la competencia para llevar a cabo investigaciones fiscales penales caerá dentro de uno de estos cuatro modelos, como se describe en "Cooperación interinstitucional efectiva en la lucha contra los delitos fiscales otros delitos financieros", tercera edición, 2017 (el "Informe de Roma") (OCDE, 2017[5]).

Modelos organizativos generales para la investigación de delitos fiscales			
Modelo 1	Modelo 2	Modelo 3	Modelo 4
La administración tributaria dirige y lleva a cabo investigaciones	La administración tributaria lleva a cabo investigaciones, que dirige el fiscal	Agencias especializadas externas a la administración tributaria llevan a cabo las investigaciones de los ilícitos tributarios, en las que pueden participar la Fiscalía	La Policía o la Fiscalía llevan a cabo las investigaciones

42. La administración tributaria que realice investigaciones fiscales penales según el modelo organizativo 1 puede no tener la gama completa de facultades de investigación, experiencia o recursos, tales como la capacidad de allanamiento e incautación, interceptar comunicaciones y exigir la presentación de documentos. Si la administración tributaria es responsable de realizar investigaciones fiscales penales, pero no tiene toda la gama de facultades de investigación, estas facultades deberían estar disponibles indirectamente cuando sea necesario, como por ejemplo, mediante la posibilidad de solicitar a la policía u otra agencia que preste servicios de investigación.

43. En el modelo de organización 2 y 4, donde la policía o el fiscal lleva a cabo o dirigen las investigaciones, los poderes de investigación son probablemente similares a las facultades de investigación de la policía para otras investigaciones financieras. Bajo el Modelo 3, una agencia separada de la administración tributaria es responsable de investigar los casos de delitos fiscales, y los poderes de investigación también son probablemente similares a las facultades de investigación de la policía.

44. Cualquiera que sea el modelo de organización utilizado, las agencias responsables por la investigación de los ilícitos tributarios deberían tener las facultades para investigar los delitos fiscales que consideren necesarios y efectivos en el contexto de su propio mandato, y teniendo en consideración la posibilidad de trabajar con otras agencias de aplicación de la ley que puedan tener facultades adicionales. Estas facultades de investigación deben permitir el acceso a la información y la evidencia en el mundo digital, además de las fuentes más tradicionales de información.

45. A continuación se expone la existencia de las pertinentes facultades de investigación entre los encuestados. A lo largo de este apartado, se observa que las circunstancias exactas y los procedimientos jurídicos que deben seguirse para hacer uso de dichas facultades varían. Respecto a las jurisdicciones que tienen "facultades directas", esto no significa que la competencia se utilice en todas las investigaciones de ilícitos tributarios, sino que la agencia puede ejercer dichas facultades por sí misma en las circunstancias en las que esté autorizada para ello (incluidas aquellas en las que cuenta con una orden o autorización judicial). La referencia a disponer facultades indirectas a través de otra agencia refleja aquella situación en la que la facultad la ejerce una agencia distinta a la competente para investigar los delitos fiscales, como la Policía.

Facultades para obtener información documental de terceros

46. La facultad de obtener información puede ser necesaria para acceder a documentos e información de instituciones financieras y terceros. Estas facultades requieren que un tercero entregue documentos o información dentro de un período de tiempo especificado. Si no se da cumplimiento al requerimiento de información, podrían proceder facultades más intrusivas que impliquen una inspección física del domicilio o los medios digitales. El poder de obtener información documental de terceros es particularmente apropiado cuando la información solicitada no está fácilmente disponible en forma física (por ejemplo, los bancos que no mantienen copias en papel de los estados bancarios de los clientes o datos de los proveedores de telecomunicaciones) ya que da tiempo para recabar el material solicitado. Estas facultades pueden tomar la forma de una citación, orden de presentación de documentos u otros poderes para demandar u obligar la entrega de información documental. Esta facultad está disponible, en los encuestados, de la siguiente manera:

Tabla 3.1. Facultades para obtener información documental de terceros

Facultades directas plenas La Agencia encargada de llevar a cabo las investigaciones de delitos fiscales puedes estar autorizada para ejercer la facultad por sí misma			Facultades indirectas a través de otra agencia La Agencia encargada de llevar a cabo las investigaciones de delitos fiscales puede solicitar la asistencia de otro organismo para ejercer la facultad en su nombre	No disponible
Argentina	Alemania[5]	España[8]	Australia[11]	
Australia[1]	Corea	Estados Unidos	Brasil	
Austria	Grecia[6]	Noruega	Suecia[12]	
Azerbaiyán	Honduras	Nueva Zelanda		
Canadá	Hungría	Países Bajos		
República Checa[3]	Irlanda	Reino Unido		
Chile	Islandia	Sudáfrica		
Colombia	Israel	Suecia[9]		
Costa Rica[2]	Italia	Suiza[10]		
Francia	Japón			
Georgia[4]	México[7]			

1. Policía Federal Australiana (AFP).
2. Los investigadores civiles tienen la facultad para obtener documentos para terceros sin una orden judicial (salvo el caso de información financiera, para lo que necesita una autorización judicial). El Ministerio Público también puede ejercer esta facultad, pero solo luego de obtener una orden del juez.
3. Policía.
4. Los investigadores deben presentar una solicitud por escrito a la corte, que es quien luego decide si otorgar o no una orden judicial para obtener documentación de terceros.
5. Generalmente se requiere una orden judicial. Los casos en los que no se puede obtener una orden judicial sin poner en peligro el objeto de la medida constituyen una excepción.
6. División Financiera de la Policía (FPD), Servicios para Investigaciones y la Protección de los Ingresos Públicos (YEDDE) y UIF.
7. Servicio de Administración Tributaria (SAT) y la Procuraduría Fiscal de la Federación (PFF) pueden recopilar y analizar todos los documentos e información relacionada con los delitos tributarios, como así también, solicitar, obtener y analizar la información de terceros.
8. Fuera de la información tributaria, la AT depende del Servicio de investigación aduanera, la Policía, y el Fiscal Anti-Corrupción para obtener documentos de terceros.
9. Autoridad Sueca de Delitos Económicos (SECA).
10. Limitación para las administraciones tributarias cantonales: no directamente de los bancos.
11. Oficina de Impuestos de Australia (ATO).
12. La Administración Tributaria de Suecia-Unidad de Investigación de Fraude Tributario (STA-TFIU).

47.　　Cabe señalar que este poder de investigación, en particular, puede tener el mismo fin que las facultades de los fiscalizadores y auditores fiscales al realizar una fiscalización tributaria civil, que es obtener información. Dado que las garantías procesales deben aplicarse una vez que una fiscalización se convierte en una investigación penal, para proteger los derechos de un sospechoso, es importante identificar el punto en que se cruza esa límite (ver el principio 10). En algunos países las acciones civiles de determinación y cobro de impuestos tienen que cesar en este momento, mientras que en otros éstos pueden ser desplegados y pueden ser paralelos a una investigación penal.

48.　　Sin embargo, el despliegue de facultades civiles para los fines de una investigación penal constituye un abuso de poder y cualquier prueba obtenida puede ser declarada inadmisible en los tribunales. Las garantías procesales revisten particular importancia en el marco del antes mencionado "Modelo 1" organizativo en el que la administración tributaria lleva a cabo exámenes o auditorías civiles y también tiene autoridad para realizar investigaciones penales. En este modelo es importante tomar medidas o implementar una estructura organizativa o un procedimiento operativo estándar que evite la interferencia de las auditorías o inspecciones civiles con las investigaciones penales para, así, prevenir un posible abuso de poder

Facultades de búsqueda

49.   Esta facultad de investigación se refiere al registro de propiedades y a la capacidad de buscar y requisar pruebas físicas tales como libros, registros y otros materiales que puedan ser evidencia de un delito fiscal. Este poder generalmente también permite a la autoridad investigadora usar la fuerza razonable para ingresar a la propiedad, si es necesario. Este poder está disponible en los encuestados de la siguiente manera:

Tabla 3.2. Facultades de búsqueda

Facultades directas plenas La Agencia encargada de llevar a cabo las investigaciones de delitos fiscales puedes estar autorizada para ejercer la facultad por sí misma			Facultades indirectas a través de otra agencia La Agencia encargada de llevar a cabo las investigaciones de delitos fiscales puede solicitar la asistencia de otro organismo para ejercer la facultad en su nombre	No disponible
Argentina	Alemania	España[4]	Australia[7]	Suiza[9]
Australia[1]	Corea	Estados Unidos	Honduras	
Austria	Georgia	Noruega	Italia	
Azerbaiyán	Grecia[3]	Nueva Zelanda	Suecia[8]	
Brasil	Hungría	Países Bajos		
Canadá	Irlanda	Reino Unido		
República Checa[2]	Islandia	Sudáfrica		
Colombia	Israel	Suecia[5]		
Costa Rica	Italia	Suiza[6]		
Finlandia	Japón			
Francia	México			

1. Policía Federal Australiana (AFP).
2. Policía.
3. División Financiera de la Policía (FPD), Servicios para Investigaciones y la Protección de los Ingresos Públicos (YEDDE) y UIF.
4. Las solicitudes se canalizan a través de la Fiscalía Anti-Corrupción y el Servicios de Investigación Aduanera o la Policía.
5. Autoridad Sueca de Delitos Económicos (SECA).
6. Administración Tributaria Federal o un fiscal.
7. Oficina de Impuestos de Australia (ATO).
8. La Administración Tributaria de Suecia-Unidad de Investigación de Fraude Tributario (STA-TFIU).
9. Administraciones tributarias cantonales.

50.   Las facultades de búsqueda deben ir acompañadas de los resguardos correspondientes que respeten los derechos de una persona a la intimidad y a no ser objeto de un registro "irrazonable". Por lo tanto, las facultades de búsqueda pueden verse limitadas por el requisito de que existan motivos razonables para creer que se ha cometido un delito y que se pueden obtener autorizaciones procesales como una orden de allanamiento.

Facultad para interceptar correos y telecomunicaciones

51.   Se refiere a la facultad de revisar las comunicaciones de las personas, incluyendo correos electrónicos, chats en línea, redes sociales, dispositivos de rastreo y grabadoras de números de marcación (dispositivos que registran los números de teléfono entrantes y salientes), registrador de teclado, direccionamiento de enrutamiento de Internet, comunicaciones utilizando la web oscura y muchos otros tipos de intercepciones. Esta puede ser una importante fuente de información para establecer pruebas adicionales de acusación o de exculpación, establecer una base para obtener una orden de allanamiento, identificar posibles lugares de búsqueda, personas asociadas o coautores al delito, e identificar los bienes o activos procedentes del delito. La experiencia de las jurisdicciones muestra que el

poder de interceptar las comunicaciones varía, ya que es un poder relativamente intrusivo y que puede usarse solo en los casos más graves. Este poder está disponible en los encuestados de la siguiente manera:

Tabla 3.3.Facultad para interceptar correos y telecomunicaciones

Facultades directas plenas La Agencia encargada de llevar a cabo las investigaciones de delitos fiscales puedes estar autorizada para ejercer la facultad por sí misma		Facultades indirectas a través de otra agencia La Agencia encargada de llevar a cabo las investigaciones de delitos fiscales puede solicitar la asistencia de otro organismo para ejercer la facultad en su nombre		No disponible	
Argentina	Hungría[3]	Alemania	España	Chile	Estados Unidos
Australia[1]	Italia	Australia[4]	Honduras	Corea	Suiza
Austria	México	Brasil	Islandia	Costa Rica[11]	
Azerbaiyán	Países Bajos	República Checa[6]	Israel[9]	Irlanda	
Brasil	Reino Unido	Costa Rica[5]	Italia	Japón	
Canadá		Francia	Sudáfrica	Noruega	
Colombia		Georgia[7]	Suecia[10]	Nueva Zelanda[12]	
Grecia[2]		Grecia[8]			

1. Policía Federal Australiana (AFP) en relación con las telecomunicaciones.
2. UIF.
3. Administración Tributaria y Aduanera Nacional (NTCA).
4. Oficina de Impuestos de Australia (ATO).
5. La Fiscalía puede solicitar que el *Organismo de Investigación Judicial(OIJ)* intercepte correos y telecomunicaciones, pero primero debe obtener la autorización de un juez.
6. Policía.
7. Agencia Técnico-Operativa del Ministerio de Asuntos Internos.
8. División Financiera de la Policía (FPD), Servicios para Investigaciones y la Protección de los Ingresos Público (YEDDE).
9. La Autoridad Tributaria de Israel (ITA) tiene plenos poderes para interceptar correos y telecomunicaciones, no obstante, debe tener una orden judicial.
10. Los fiscales de la Autoridad Sueca de Delitos Económicos (SECA) pueden ordenar que los agentes de policía asistan en todo tipo de casos. La Unidad de Investigación de Fraude Tributario (TFIU) no puede actuar de manera independiente. La unidad debe acudir a un fiscal.
11. Los investigadores civiles tienen la facultad de interceptar comunicaciones.
12. Se puede abrir la correspondencia que se encuentre en un lugar sujeto a allanamiento, y obtener datos de telecomunicaciones existentes de terceros proveedores utilizando sus facultades.

Facultad para registrar e incautar hardware, software, teléfonos celulares y medios digitales

52. Los investigadores de los delitos fiscales pueden necesitar registrar e incautar las pruebas que estén en medios digitales y deben poder hacerlo de manera de asegurar su contenido y uso como medio probatorio. Mientras que las facultades de búsqueda para obtener la evidencia antes mencionada se enfocan en la búsqueda e incautación de evidencia física, este poder de investigación se enfoca en la capacidad de asegurar evidencia digital como correos electrónicos, mensajes de texto, documentos electrónicos y registros bancarios. Este tipo de pruebas puede encontrarse dentro del hardware o software de la computadora, tableta, teléfono celular, o cualquier otro medio de almacenamiento electrónico incluyendo el almacenamiento en la nube. Para algunas jurisdicciones, esta puede ser un área donde la descripción de los poderes de investigación contenidos en la ley aún no ha alcanzado el escenario digital tan rápidamente cambiante y puede que tenga que ser reformada. Este poder está disponible en los encuestados de la siguiente manera:

Tabla 3.4. Facultad para registrar e incautar el hardware, el software, los teléfonos celulares y los medios digitales

Facultades directas plenas La Agencia encargada de llevar a cabo las investigaciones de delitos fiscales puedes estar autorizada para ejercer la facultad por sí misma			Facultades indirectas a través de otra agencia La Agencia encargada de llevar a cabo las investigaciones de delitos fiscales puede solicitar la asistencia de otro organismo para ejercer la facultad en su nombre	No disponible
Australia[1]	Alemania	España	Argentina	
Austria	Corea	Estados Unidos	Australia[6]	
Azerbaiyán	Georgia	México	República Checa[7]	
Brasil	Grecia[3]	Noruega	Chile	
Canadá	Hungría	Nueva Zelanda	Honduras	
República Checa[2]	Irlanda	Países Bajos	Israel	
Chile	Islandia	Reino Unido	Suecia[8]	
Colombia	Israel	Sudáfrica	Suiza[9]	
Costa Rica	Italia	Suecia[4]		
Francia	Japón	Suiza[5]		

1. Policía Federal Australiana (AFP).
2. Policía; insta a la entrega de un bien, incautación de un bien.
3. División Financiera de la Policía (FPD), Servicios para Investigaciones y la Protección de los Ingresos Públicos (YEDDE) y UIF.
4. Autoridad Sueca de Delitos Económicos (SECA).
5. Administración Tributaria Federal o fiscal.
6. Oficina de Impuestos de Australia (ATO).
7. Policía.
8. La Administración Tributaria de Suecia-Unidad de Investigación de Fraude Tributario (STA-TFIU).
9. Administraciones tributarias cantonales.

53.   Esta facultad se ha tornado esencial dado el creciente uso de la tecnología en la comisión de delitos fiscales y la trasferencia del producto de las actividades ilícitas.

Recuadro 3.1. Ejemplo de la implementación exitosa de una estrategia contra los delitos fiscales en los Países Bajos: mezcladores de criptomonedas

En 2020, el Servicio de Información Fiscal e Investigación (FIOD) y el Ministerio Público Fiscal sacaron de conexión uno de los mezcladores en línea más grandes de criptomonedas, llamado *Bestmixer.io*. Esta operación asestó un duro golpe al encubrimiento de flujos criminales de dinero que se logra mezclando criptomonedas como bitcoins. Se desmantelaron y confiscaron seis servidores operativos en los Países Bajos y Luxemburgo. La investigación se llevó a cabo en estrecha cooperación con el Equipo de intrusión digital de los Países Bajos (DIGIT, por sus siglas en inglés), Europol y las autoridades de Luxemburgo, Francia y Letonia. En junio de 2018 el Equipo Cibernético Avanzado en asuntos Financieros (FACT, por sus siglas en inglés) de la FIOD inició la investigación bajo la supervisión de la Fiscalía Nacional en materia de Fraudes Graves y Delitos Ambientales y Confiscación de Activos. La investigación se inició por un informe de la empresa de seguridad cibernética McAfee.

La investigación recopiló información sobre transacciones entre clientes y Bestmixer.io. Los clientes se encuentran en todo el mundo, especialmente en los Estados Unidos, Alemania y los Países Bajos. La FIOD analizó la información junto con Europol. Luego los datos se compartieron con otros países. En la parte anónima de Internet, la *web oscura*, las criptomonedas son un medio de pago habitual y, a menudo, se utilizan como medio de pago en el mundo delictivo. Un servicio de mezcla de criptomonedas es un servicio en línea que permite ocultar el origen o el destino de las criptomonedas. Este servicio se utiliza para dividir las criptomonedas mediante el pago de una comisión, después de lo cual se mezclan en una combinación diferente.

Las personas que utilizan un servicio de mezcla probablemente lo hagan para aumentar su anonimato. La investigación hasta ahora muestra que muchas de las criptomonedas mezcladas tienen un origen o destino delictivos. En estos casos, el mezclador probablemente se utilizó para ocultar y blanquear flujos de dinero delictivos. El volumen de transacciones total de los mercados de la *web oscura* asciende a aproximadamente USD 800 millones por año. Se cree que una gran parte de los pagos a través de la *web oscura* se realizan a través de mezcladores para lavar el (cripto)dinero delictivo.

Bestmixer.io es uno de los tres mayores proveedores de mezcla de criptomonedas y ofrece servicios para mezclar las criptomonedas bitcoins, bitcoin cash y litecoins. El servicio se inició en mayo de 2018 y logró una facturación de al menos USD 200 millones (aproximadamente 25.000 bitcoins) en un año, a la vez que garantizó el anonimato de los clientes. La operación llevada a cabo contra *Bestmixer.io* es un paso significativo e importante en la lucha contra los flujos de dinero delictivos en general y los flujos de dinero delictivos virtuales, en particular.

54.   Durante una inspección física de un hogar u oficina, los documentos pueden ser revisados de una manera que den cuenta rápidamente si están o no contemplados en la orden de allanamiento y si estos son relevantes para la investigación. Sin embargo, los medios digitales pueden contener cientos de miles de correos electrónicos, documentos y mensajes de texto, creados a lo largo de muchos años, y no necesariamente relacionados con el delito fiscal. Por lo tanto, es difícil, si no imposible, determinar durante la búsqueda en el sitio si una determinada pieza de información electrónica está contemplada en la orden de allanamiento y si ésta es relevante para la investigación. Por lo tanto, la búsqueda puede consistir en copiar digitalmente o crear una imaginar de los datos que se tienen, para luego examinar el contenido en un laboratorio forense para determinar qué partes de la información están dentro del alcance de la orden de allanamiento y si estos son relevantes para el caso bajo investigación.

55.   Por ejemplo, en Australia, la policía tiene la facultad de utilizar los equipos electrónicos encontrados en el lugar sujeto a una orden de allanamiento para acceder a los datos (incluidos los datos que no se encuentran en el lugar). Si los datos a los que se accede son material probatorio, pueden copiarse y eliminarse haciendo funcionar el equipo o, si no es posible hacerlo, incautando del equipo. Un objeto encontrado en el lugar sujeto a la orden de allanamiento puede ser retirado por hasta 14 días para su examen o procesamiento a fin de determinar si puede ser incautado conforme la orden de allanamiento, si es significativamente más factible hacerlo teniendo en cuenta el tiempo y el costo de examinar o procesar el objeto y la disponibilidad de asistencia de expertos. Esto ha demostrado ser especialmente útil en las grandes investigaciones complejas de fraude e impuestos, en las que se deben registrar grandes cantidades de datos en los medios digitales para identificar la evidencia relevante.

56.   También puede haber desafíos jurídicos relacionados con el registro y la incautación de datos digitales en computadoras y otros dispositivos electrónicos. Los datos personales contenidos en un dispositivo electrónico pueden no ser relevantes para el delito fiscal sospechado, o pueden contener datos protegidos por un privilegio profesional legal. Esto puede requerir que la búsqueda se ejecute cuidadosamente para garantizar que se limite a los términos de la autorización. También puede haber desafíos jurídicos relacionados con el registro e incautación de computadoras y otros dispositivos electrónicos. Esto puede cobrar particular relevancia en los casos en que las facultades de registro contempladas en la ley se refieren explícitamente a la búsqueda o incautación de documentos físicos o cuando una persona impugna un registro de medios digitales sobre la base de que es demasiado amplia y va más allá de los términos de la autoridad de registro o podría incluir documentos confidenciales.

57.   Según los datos de la encuesta, el desafío informado que enfrentan las agencias con mayor frecuencia en el registro e incautación de medios digitales está relacionado con los datos almacenados fuera de la jurisdicción o en la nube, ya que su legislación solo permite la búsqueda de datos almacenados localmente. Las jurisdicciones también señalaron los desafíos que implica el registro de grandes cantidades de datos, datos protegidos con contraseñas encriptadas y datos a los que no se puede acceder

debido a las leyes de confidencialidad. Las posibles soluciones mencionadas por las jurisdicciones incluyen el desarrollo de un sistema informático capaz de ordenar los principales datos pertinentes y una capacitación especial en materia informática para profesionales dedicados a la investigación de delitos fiscales.

Facultades para entrevistar

58.   Este poder de investigación se refiere a la capacidad de entrevistar o solicitar declaraciones a sospechosos, acusados y testigos para obtener información

59.   La facultad de entrevistar implica generalmente el poder de iniciar una entrevista, en lugar de una potestad para obligar a una persona a hablar o proporcionar información durante esa declaración. Debe hacerse una distinción entre sospechosos, acusados y testigos. Si un sospechoso proporciona información durante la entrevista depende de la cooperación voluntaria de ese sospechoso. Esto refleja el derecho de los sospechosos a permanecer en silencio y el derecho a la protección contra la autoincriminación. Con este propósito, los sospechosos deben ser advertidos al comienzo de la entrevista. Con respecto a los testigos, aunque no tienen el mismo derecho a guardar silencio, pueden aplicarse privilegios legales y disposiciones sobre secreto profesional, por ejemplo, para miembros de la familia o ciertas profesiones. Esta facultad está disponible en los encuestados de la siguiente manera:

Tabla 3.5. Facultad para entrevistar

Facultades directas plenas La Agencia encargada de llevar a cabo las investigaciones de delitos fiscales puedes estar autorizada para ejercer la facultad por sí misma			Facultades indirectas a través de otra agencia La Agencia encargada de llevar a cabo las investigaciones de delitos fiscales puede solicitar la asistencia de otro organismo para ejercer la facultad en su nombre	No disponible
Argentina	Alemania	España	Australia[4]	Irlanda
Australia[1]	Corea	Estados Unidos	Grecia[5]	
Austria	Grecia[3]	Noruega		
Azerbaiyán	Honduras	Nueva Zelanda		
Brasil	Hungría	Reino Unido		
Canadá	Islandia	Sudáfrica		
Chile	Israel	Suecia		
Colombia	Italia	Suiza		
Costa Rica	Japón			
República Checa[2]	México			
Georgia	Países Bajos			

1. Policía Federal de Australia (AFP), Comisión de Inteligencia Penal de Australia (ACIC).
2. Policía.
3. División Financiera de la Policía (FPD), Servicios para Investigaciones y la Protección de los Ingresos Públicos (YEDDE).
4. Oficina de Impuestos de Australia (ATO).
5. UIF.

60.   Las jurisdicciones también pueden estar facultadas para compeler a la entrega de información, como la potestad de citar a posibles testigos ante un tribunal para responder bajo juramento a las preguntas realizadas. Esto puede ser una herramienta particularmente poderosa cuando una persona no está dispuesta a proporcionar información, como el caso cuando existen deberes contractuales de confidencialidad. Sin embargo, siguen vigentes los privilegios legales y el derecho de un sospechoso a guardar silencio. Esta facultad está disponible en los encuestados de la siguiente forma:

Tabla 3.6. Facultades para obligar a proporcionar información

Facultades directas plenas La Agencia encargada de llevar a cabo las investigaciones de delitos fiscales puedes estar autorizada para ejercer la facultad por sí misma			Facultades indirectas a través de otra agencia La Agencia encargada de llevar a cabo las investigaciones de delitos fiscales puede solicitar la asistencia de otro organismo para ejercer la facultad en su nombre	No disponible
Australia[1]	Alemania	España	Argentina	Chile
Austria	Georgia	Estados Unidos	Australia[3]	Corea
Azerbaiyán	Honduras	Noruega		Grecia
Brasil	Hungría	Reino Unido		Irlanda
Canadá	Islandia	Sudáfrica		Japón
República Checa	Italia	Suecia		
Colombia	México	Suiza[2]		
Costa Rica	Nueva Zelanda			
Francia	Países Bajos			

1. Comisión de Inteligencia Penal de Australia (ACIC).
2. Con restricciones.
3. Oficina de Impuestos de Australia (ATO).

Facultad para llevar a cabo vigilancia encubierta

61.   Esta facultad se refiere al monitoreo encubierto de los movimientos, conversaciones y otras actividades de un sospechoso para identificar co-conspiradores o testigos, localizar evidencia para obtener órdenes de allanamiento, identificar bienes utilizados para perpetrar los delitos fiscales o activos procedentes de la actividad criminal. La vigilancia encubierta puede incluir la observación de una persona en lugares privados, como dentro de su casa o vehículo, así como la observación de una persona en público. La vigilancia encubierta puede ser particularmente relevante para investigar cualquier tipo de delito fiscal que involucre al crimen organizado. Esta facultad está disponible en los encuestados de la siguiente forma:

Tabla 3.7. Facultad para llevar a cabo vigilancia encubierta

Facultades directas plenas La Agencia encargada de llevar a cabo las investigaciones de delitos fiscales puedes estar autorizada para ejercer la facultad por sí misma		Facultades indirectas a través de otra agencia La Agencia encargada de llevar a cabo las investigaciones de delitos fiscales puede solicitar la asistencia de otro organismo para ejercer la facultad en su nombre	No disponible
Australia[1]	Estados Unidos	Argentina	Alemania
Austria	Irlanda	Australia[7]	Chile
Azerbaiyán	Italia	Canadá[8]	Corea
Brasil	Japón	República Checa[10]	Costa Rica
Canadá[2]	México	Costa Rica[9]	Israel
República Checa[3]	Nueva Zelanda	España	Sudáfrica
Colombia	Países Bajos	Honduras	Suiza
Francia	Reino Unido	Islandia[11]	
Georgia	Suecia[5]	Noruega	
Grecia[4]	Suiza[6]		
Hungría			

1. Policía Federal de Australia (AFP).
2. La vigilancia estática es la principal táctica de vigilancia empleada por los investigadores de la Agencia de Ingresos de Canadá (CRA). Los investigadores de la CRA no están capacitados en vigilancia móvil y tienen prohibido realizar cualquier forma de vigilancia que involucre un vehículo motorizado. La vigilancia móvil puede contratarse con la Agencia de Servicios Fronterizos de Canadá, la Real Policía Montada de Canadá (RCMP) u otras agencias de aplicación de la ley capacitadas.
3. Policía; facultades directas plenas para vigilancia de personas y objetos sin grabaciones.

4. División Financiera de la Policía (FPD), Servicios para Investigaciones y la Protección de los Ingresos Públicos (YEDDE) y UIF.

5. La Autoridad Sueca de Delitos Económicos (SECA) tiene facultades directas plenas para realizar vigilancia encubierta.

6. Administración Aduanera Federal (FCA).

7. Oficina de Impuestos de Australia (ATO).

8.La vigilancia estática es la principal táctica de vigilancia empleada por los investigadores de la Agencia de Ingresos de Canadá (CRA). Si bien la vigilancia móvil por parte de CRA está prohibida; puede solicitar a las agencias federales de aplicación de la ley que operen en su nombre.

9. Organismo de Investigación Judicial (OIJ).

10. Policía.

11. De ser necesario para una investigación, lo llevaría a cabo la Policía.

Facultad para llevar a cabo operaciones encubiertas

62.   Este poder se refiere a la capacidad de realizar una operación encubierta, en la que un agente adopta una identidad diferente para obtener información y pruebas. Este instrumento de investigación puede ser particularmente importante en la investigación de delitos graves en curso, como la identificación de facilitadores de delitos fiscales y otros delitos financieros en los que está involucrado el crimen organizado. El tipo de información que se puede obtener utilizando esta facultad de investigación es similar a la que se busca a través de la vigilancia encubierta, incluyendo el establecimiento de la identidad de los co-conspiradores y la ubicación de los activos.

63.   La distinción entre realizar una vigilancia encubierta para obtener esta información y llevar a cabo una operación encubierta es la incorporación del oficial encubierto o, al menos, el contacto directo del agente con la organización delictiva con el fin de ganar su confianza para obtener información. El contacto del oficial puede llevarse a cabo a través de interacciones físicas o interacciones digitales, como en plataformas en línea. Esta facultad está disponible en los encuestados de la siguiente manera:

Tabla 3.8. Facultad para llevar a cabo operaciones encubiertas

Facultades directas plenas La Agencia encargada de llevar a cabo las investigaciones de delitos fiscales puedes estar autorizada para ejercer la facultad por sí misma		Facultades indirectas a través de otra agencia La Agencia encargada de llevar a cabo las investigaciones de delitos fiscales puede solicitar la asistencia de otro organismo para ejercer la facultad en su nombre	No disponible
Alemania	Estados Unidos	Argentina	Argentina[8]
Australia[1]	México	Australia[3]	Azerbaiyán
Austria	Nueva Zelanda	Brasil	Chile
Colombia	Países Bajos	Canadá[4]	Corea
Costa Rica	Reino Unido	República Checa[5]	Irlanda
Francia	Suecia	España	Italia
Grecia[2]		Georgia[6]	Japón
Hungría		Honduras	Sudáfrica
		Islandia[7]	Suiza
		Noruega	

1. Policía Federal de Australia (AFP).

2. División Financiera de la Policía griega (FPD) y la UIF.

3. Oficina de Impuestos de Australia (ATO).

4. Las Investigaciones penales pueden acudir al destacamento de la Real Policía Montada de Canadá (RCMP) local para llevar a cabo una operación encubierta en nombre de la CRA. Los investigadores de la CRA pueden emprender ellos mismos solo los tipos menos sofisticados y no invasivos de operaciones encubiertas, como visitar un restaurante, bar u oficina; para obtener información o documentos que estén fácilmente disponibles para todos los clientes, como recibos, facturas o folletos.

5. Policía.

6. Agencia Técnico-Operativa del Ministerio de Asuntos Internos.

7. Será llevado a cabo por la Policía.

8. Las operaciones encubiertas no se suelen realizar en casos de delitos fiscales. La ley permite el uso de técnicas especiales de investigación (como operaciones encubiertas) en casos de delitos aduaneros y de lavado de dinero, que pueden estar relacionados con el lavado del producto de delitos fiscales.

64.   Las operaciones encubiertas son costosas y pueden ser peligrosas, y requieren conocimientos especializados y capacitación de los agentes involucrados. Por lo tanto, es probable que las operaciones encubiertas se utilicen con menor frecuencia. Al igual que con los otros poderes de investigación mencionados en el Principio 3, las cuestiones relativas a los derechos y las protecciones de los sospechosos, como la privacidad, y aquellas relacionadas con la inducción a la comisión del delitos para atrapar a un sospechoso, deben salvaguardarse siguiendo los procedimientos legales correctos que regulan el uso de estas facultades.

Facultad para arrestar a una persona

65.   El poder de arrestar a una persona se refiere a la facultad de detener, retener y llevar a una persona en custodia, a menudo con el propósito de formalmente acusarla de un delito. El poder de arrestar a una persona y de llevarla bajo custodia (con o sin restricciones) puede ser crítico durante una investigación de delitos fiscales, para evitar que influya en otros sospechosos o testigos, así como cuando existe el riesgo de fuga del acusado o sospechoso o, incluso, para evitar que esta persona cometa nuevos delitos. Esta facultad está disponible en los encuestados de la siguiente forma:

Tabla 3.9. Facultad para arrestar a una persona

Facultades directas plenas La Agencia encargada de llevar a cabo las investigaciones de delitos fiscales puedes estar autorizada para ejercer la facultad por sí misma		Facultades indirectas a través de otra agencia La Agencia encargada de llevar a cabo las investigaciones de delitos fiscales puede solicitar la asistencia de otro organismo para ejercer la facultad en su nombre	No disponible
Australia[1]	Estados Unidos	Argentina	Alemania
Austria	México	Canadá	Australia[7]
Colombia	Noruega	República Checa[5]	Azerbaiyán
Costa Rica[2]	Países Bajos	España	Chile
Francia	Reino Unido	Islandia	Corea
Georgia	Suecia[4]	Japón	Costa Rica
Grecia[3]		Suiza[6]	Grecia[8]
Honduras			Nueva Zelanda
Irlanda			Sudáfrica
Italia			Suecia[9]
			Suiza[10]

1. Policía Federal de Australia (AFP).
2. Fiscalía.
3. División Financiera de la Policía griega (FPD).
4. Autoridad Sueca de Delitos Económicos (SECA)
5. Policía.
6. Administración Tributaria Federal o fiscal.
7. Oficina de Impuestos de Australia (ATO).
8. UIF.
9. La Administración Tributaria de Suecia-Unidad de Investigación de Fraude Tributario (STA-TFIU).
10. Autoridades Tributarias Cantonales.

66.   En algunas jurisdicciones, el arresto y la custodia de un acusado o sospechoso también proporciona una disponibilidad continua para entrevistar al sospechoso o acusado durante un cierto período, con sujeción a las protecciones previstas por la ley.

67.   Como sucede con el uso de las facultades de investigación por parte de cualquier organismo encargado de hacer cumplir la ley, éstas deben ir acompañadas de salvaguardas, supervisión y autorizaciones para garantizar que los sospechosos y los acusados estén adecuadamente protegidos contra todo abuso potencial de esos poderes de investigación (ver Principio 10 para más detalles).

Bibliografía

OCDE (2017), *Effective Inter-Agency Co-Operation in Fighting Tax Crimes and Other Financial Crimes - Third Edition*, OCDE, París, http://www.oecd.org/tax/crime/effective-inter-agency-co-operation-in-fighting-tax-crimes-and-other-financial-crimes.htm.

Principio 4 Tener facultades efectivas para embargar, incautar y confiscar activos

Las jurisdicciones deben tener la capacidad de embargar/ incautar activos en el curso de una investigación de delitos fiscales y la capacidad de confiscar activos.

Introducción

68.   El embargo o la incautación de activos implica "la prohibición temporal de transferir, convertir, enajenar o mover bienes, o la custodia o el control temporales de bienes por mandamiento expedido por un tribunal u otra autoridad competente" (UNODC, 2004[6]). El embargo es una acción que suspende temporalmente los derechos sobre el activo y, por ejemplo, puede aplicarse a las cuentas bancarias que son fungibles. La incautación es una acción para restringir temporalmente un activo o ponerlo bajo la custodia del gobierno y puede aplicarse a bienes físicos como, por ejemplo, un vehículo. En general, estas medidas se utilizan para impedir temporalmente el movimiento de los activos en espera del resultado de un caso.

69.   Por otro lado, la confiscación de bienes se puede definir como "la privación con carácter definitivo de bienes por decisión de un tribunal o de otra autoridad competente" (UNODC, 2004[6]). La confiscación (que puede denominarse decomiso de activos) generalmente se utiliza después del resultado final de un caso, dado que es una medida final que impide que los delincuentes accedan a los activos obtenidos de un delito. Las facultades de embargo, incautación y decomiso deben ejercerse de conformidad con la legislación nacional, incluidos los requisitos de proporcionalidad.

70.   Para poder llevar adelante con éxito las investigaciones penales y asegurar que los activos que originaron el delito fiscal o que son producto del mismo sean asegurados adecuadamente durante las investigaciones, es importante que los organismos de investigación puedan embargar o incautar dichos activos mientras dure la investigación y el procedimiento penal. Como fuera antes señalado, en la investigación de delitos fiscales, la posibilidad de interrumpir el movimiento de activos financieros puede resultar de esencial importancia para identificar o prevenir un ilícito. Además, las agencias deben tener la autoridad para confiscar los activos que originaron o son el producto de delitos fiscales. Esto es particularmente relevante en la lucha contra los delitos fiscales, ya que los activos financieros son fácilmente transferidos de una jurisdicción a otra y pueden causar pérdidas financieras a los gobiernos.

71.   El embargo, incautación y confiscación de activos son necesarios para evitar que el producto de un delito sea desechado o aprovechado por un sospechoso, o bien para preservar la prueba física de un delito. En algunas jurisdicciones, la confiscación o decomiso de un activo pueden ser una sanción por sí mismos, o también una forma de garantizar que se paguen las multas pecuniarias. El embargo, la incautación y la confiscación interrumpen la actividad delictiva al inhibir el acceso a activos que hubieran sido beneficiosos para el individuo u organización que cometió el delito o que pudieran impedir que los activos delictivos fueran empleados para cometer más delitos. El embargo, incautación y confiscación de activos delictivos es también una medida disuasiva, ya que puede reducir la rentabilidad de cometer delitos fiscales.

72.   Los capítulos por país en los apartados debajo señalan la disponibilidad que tienen las jurisdicciones que respondieron a la encuesta de facultades pertinentes de embargo, incautación y confiscación. A lo largo de este apartado de la guía, se observa que las circunstancias exactas y los procedimientos jurídicos que deben seguirse para hacer uso de las facultades de embargo preventivo, incautación y confiscación varían. Respecto a las jurisdicciones en las que existe un determinado mecanismo, esto no significa que dicho mecanismo se pueda utilizar en todas las investigaciones de ilícitos fiscales, sino que está disponible en, al menos, algunos casos relacionados con ilícitos tributarios, siempre y cuando se cuente con las autorizaciones legales y procesales necesarias.

73.   Las jurisdicciones deben asegurarse de que el embargo, incautación y confiscación de activos sean posibles tanto para investigaciones y juicios fiscales nacionales como extranjeros. La facultad legal para hacerlo debe estar incluida en la legislación interna, o, para casos internacionales, puede ser ejercida en respuesta a una solicitud de asistencia legal mutua de acuerdo con los tratados internacionales como un tratado de asistencia legal mutua (MLAT) (ver Principio 9 para más detalles). Los encuestados tienen la capacidad legal para aplicar las facultades de embargo y confiscación con respecto a las investigaciones de impuestos extranjeros y las sentencias de tribunales extranjeros (por ejemplo, en virtud de una solicitud de MLAT) de la siguiente manera:

Tabla 4.1. Respuestas a la encuesta: Disponibilidad de facultades de incautación y decomiso relacionadas con asuntos fiscales extranjeros

Disponible			No disponible
Argentina	Alemania	España	Honduras
Australia	Corea	Estados Unidos	
Austria	Francia	Noruega	
Azerbaiyán	Georgia	Nueva Zelanda	
Brasil	Grecia	Países Bajos[1]	
Canadá	Hungría	Reino Unido	
República Checa	Israel	Sudáfrica	
Chile	Italia	Suecia	
Colombia	Japón	Suiza	
Costa Rica	México		

1. En los Países Bajos, los tribunales pueden ejecutar órdenes de confiscación de estados extranjeros que mandan al estado extranjero pertinente incautar una propiedad, sobre la base de la reciprocidad, y hacerlo en la práctica. No obstante, los tribunales no pueden aplicar una orden de embargo o incautación de un estado extranjero en cuestiones penal tributarias.

74.   Los mecanismos disponibles para embargar, incautar y confiscar activos varían de un país a otro, pero vale la pena considerar los mecanismos enumerados debajo. Si todos los mecanismos a continuación están disponibles en una jurisdicción particular o en una agencia particular, dependerá de la estructura organizacional para investigar los delitos fiscales y tomar medidas coercitivas, así como del sistema jurídico particular que puede no permitir ciertos mecanismos que implican la privación de activos.

Embargo rápido de los activos

75.   La velocidad puede ser esencial cuando se trata de embargar y de confiscar activos, ya que los criminales pueden transferir rápidamente fondos fuera del alcance de las agencias o disponer de bienes, si perciben que los organismos de investigación penal los están investigando. Los países deben tener la autoridad legal y la capacidad operacional para embargar rápidamente los activos en casos urgentes, como cuando la pérdida de bienes es inminente. En general, las agencias deben poder ejecutar órdenes rápidas de embargo en 24 y 48 horas. Esta facultad está disponible con respecto a los delitos fiscales en los encuestados de la siguiente manera:

Tabla 4.2. Respuestas a la encuesta: Disponibilidad de facultades para emitir resoluciones rápidas de embargo preventivo

Disponible		No disponible	Facultades indirectas a través de otra agencia
Alemania	España	Azerbaiyán	Brasil
Argentina	Estados Unidos	Canadá	Chile
Australia	Hungría	Chile	Corea
Austria	Japón	Grecia	Italia
Colombia[1]	México	Honduras	
Costa Rica	Países Bajos	Israel	
Checa, República	Reino Unido	Noruega	
Finlandia	Sudáfrica	Nueva Zelanda	
Francia	Suecia		
Georgia	Suiza		
Grecia[2]			

1. Limitado a la protección de un potencial daño por compensación (art. 92 del Código Procesal Penal).
2. UIF.

Confiscación ampliada

76.   Se trata de una acción que implica no sólo confiscar bienes asociados a un delito específico, sino también bienes adicionales que el tribunal determina que constituyen el producto de otros delitos. Esto podría ser útil para combatir eficazmente las actividades delictivas organizadas, no sólo para confiscar bienes asociados a un delito específico, sino también para otros bienes que el tribunal determine que constituyen el producto de otros delitos. Este poder está disponible con respecto a los delitos fiscales en los encuestados de la siguiente manera:

Tabla 4.3. Respuestas a la encuesta: Disponibilidad de facultades para realizar una confiscación ampliada

Disponible		No disponible	Facultades indirectas a través de otra agencia
Alemania	España	Azerbaiyán	Colombia
Argentina	Estados Unidos	Chile	Corea
Australia	Italia	Costa Rica	Japón[2]
Austria	México	Georgia	Nueva Zelanda
Brasil[1]	Noruega	Grecia	
Canadá	Países Bajos	Irlanda	
Checa República	Reino Unido		
Francia	Sudáfrica		
Honduras	Suecia		
Hungría	Suiza		
Israel			

1. Solo a delitos con un apena máxima de más de seis años de prisión. Por consiguiente, no aplica a los delitos fiscales.
2. Japón señala que no tiene facultades para confiscar activos sobre la base de sentencias por delitos fiscales, aunque sí lo puede hacer en casos de lavado de dinero cuando el delito fiscal es un delito determinante.

Confiscación basada en valores

77.   Se trata de un método de decomiso que permite al tribunal imponer una obligación pecuniaria equivalente al monto del producto del delito. Esto se aplica una vez que el tribunal determina el monto de los beneficios que acumula directa o indirectamente un individuo producto de una conducta delictiva, y la orden puede ser aplicable contra cualquier activo de la persona. Esta facultad está disponible con respecto a los delitos fiscales en los encuestados de la siguiente manera:

Tabla 4.4. Respuestas a la encuesta: Disponibilidad de facultades para la confiscación por un valor equivalente

Disponible			No disponible	Facultades indirectas a través de otra agencia
Australia	Alemania	Estados Unidos	Argentina	Corea
Austria	España	Países Bajos	Chile	Italia
Azerbaiyán	Hungría	Reino Unido	Colombia	
Brasil	Israel	Suecia	Grecia	
Canadá	Japón	Suiza	Honduras	
Checa República	México		Nueva Zelanda	
Francia	Noruega		Suiza	
Georgia	Sudáfrica			

Confiscación de bienes de terceros

78.   Se trata de una medida destinada a privar de la propiedad delictiva a otra persona que no sea el delincuente – a un tercero. Esto se aplica cuando ese tercero está en posesión de bienes que el infractor le haya transferido a sabiendas para frustrar la confiscación. La confiscación a un tercero puede mitigar el riesgo de que la administración tributaria se vea frustrada del decomiso de bienes, si el sospechoso transfiere bienes producto de un delito a un tercero. Este poder está disponible con respecto a los delitos fiscales en los encuestados de la siguiente manera:

Tabla 4.5. Respuestas a la encuesta: Disponibilidad de facultades para la confiscación de bienes de terceros

Disponible		No disponible		Facultades indirectas a través de otra agencia
Alemania	España	Azerbaiyán	Reino Unido	Brasil
Argentina	Estados Unidos	Canadá	Suecia	Corea
Australia	Hungría	Chile		Italia
Austria	Israel	Colombia		Nueva Zelanda
Costa Rica	Japón	Grecia		
Checa República	México	Noruega		
Francia	Países Bajos			
Georgia	Suiza			

Confiscación no basada en condena

79.   Esto significa el poder de confiscar activos sin un juicio penal y una condena. La confiscación sin condena es una medida de ejecución contra el activo mismo y no contra la persona. Es una acción separada de cualquier proceso penal y requiere la prueba de que el bien es el producto o un instrumento del delito. En algunas jurisdicciones, la conducta delictiva debe establecerse utilizando un estándar de prueba de la balanza de probabilidades, lo que reduce la carga de la agencia y significa que puede ser posible obtener los bienes incluso cuando no hay pruebas suficientes para respaldar una condena penal. Esta facultad está disponible con respecto a los delitos fiscales en los encuestados de la siguiente manera:

Tabla 4.6. Respuestas a la encuesta: Disponibilidad de facultades para la confiscación no basada en condena

Disponible		No disponible		Facultades indirectas a través de otra agencia
Alemania	España[2]	Argentina	España	Corea
Australia	Estados Unidos	Azerbaiyán	Países Bajos	Italia
Austria	México	Brasil	Sudáfrica	Nueva Zelanda
Checa República	Noruega	Canadá	Suecia	
Costa Rica[1]	Reino Unido	Chile	Suiza	
Israel		Colombia		
		Francia[3]		
		Georgia		
		Grecia		
		Honduras		
		Hungría		

1. Costa Rica solo permite confiscaciones no basadas en condena si el caso en trato se relaciona con el crimen organizado.

2. La confiscación no basada en condena se puede aplicar como una excepción, con autorización de los tribunales, solo cuando los bienes confiscados son perecederos, fueron abandonados por el titular, sus costos de conservación son mayores que el activo mismo, su conservación es peligrosa para la salud o seguridad pública, y se deprecian con el tiempo.

3. No existe procedimiento de confiscación si no hay condena penal (la así llamada confiscación civil) en el Derecho francés. No obstante, en algunas circunstancias se puede permitir que no se devuelvan los bienes incautados resultantes de manera directa o indirecta del delito.

80.   A fin de recuperar eficazmente los activos productos del delito, los países deberían considerar lo siguiente:

- Contar con el marco jurídico necesario para garantizar que los organismos encargados de hacer cumplir la ley penal funcionen de manera transparente y estén adecuadamente supervisados en relación con el manejo de los bienes para garantizar su integridad;
- Contar con la experiencia de investigación, legal y operativa necesaria;
- Establecer una estructura organizativa clara para gestionar activos o bienes de los casos investigados. Dado que estos casos pueden requerir conocimientos de investigación y jurídicos especializados que pueden estar presentes en diferentes agencias, puede ser eficiente establecer una dependencia especializada multiagencial con profesionales capacitados y recursos adecuados centrados en la recuperación de activos;
- Garantizar que los derechos de los sospechosos estén protegidos durante un proceso de recuperación de activos;
- Tener un proceso para administrar los activos con seguridad; y
- Utilizar la cooperación internacional de manera eficiente, dado que los casos de recuperación de activos pueden ser complejos e involucrar activos delictivos ubicados en jurisdicciones extranjeras.

Bibliografía

UNODC (2004), *Convención de las Naciones Unidas contra la Delincuencia Organizada Transnacional y sus Protocolos*, Naciones Unidas, Nueva York, https://www.unodc.org/documents/treaties/UNTOC/Publications/TOC%20Convention/TOCebook-s.pdf.   [1]

Principio 5 Tener una estructura organizacional con responsabilidades definidas

Una Jurisdicción debe tener un modelo organizacional con responsabilidades definidas para combatir los delitos fiscales y otros delitos financieros.

Introducción

81.   Existe una serie de modelos organizacionales de asignación de las responsabilidades de investigación y enjuiciamiento de los delitos fiscales. Es probable que el modelo adoptado en una determinada jurisdicción tenga en cuenta su historia, su estructura general de aplicación de la ley y su sistema jurídico.

82.   Es importante contar con un modelo organizacional claro porque permitirá una asignación eficiente de responsabilidades, lo que puede reducir el riesgo de duplicación de esfuerzos y lagunas en la aplicación de la ley. También es importante contar con una estructura organizativa clara, ya que permite una mayor transparencia y rendición de cuentas por el uso de los recursos y el despliegue de estrategias. La estructura organizativa debe garantizar que la agencia responsable de la investigación y enjuiciamiento de los delitos fiscales sea independiente de los intereses personales o políticos y también responsable por el ejercicio de sus funciones con equidad e integridad.

83.   La comprensión de la estructura organizativa particular que existe en la jurisdicción es importante porque informará cómo una jurisdicción puede aplicar mejor una serie de otros Principios Globales. Por ejemplo, la estructura organizativa afectará el diseño de la estrategia general de cumplimiento, la gama

de facultades de investigación que se deben otorgar, la asignación de la cantidad adecuada de recursos y la elaboración de estrategias para la cooperación interinstitucional e internacional.

Tabla 5.1.Cuatro modelos organizaciones generales

Modelos organizacionales generales para la investigación de delitos fiscales			
Modelo 1	Modelo 2	Modelo 3	Modelo 4
La administración tributaria tiene la responsabilidad de dirigir y llevar adelante las investigaciones, a menudo a través de una división especializada de investigaciones penales. El Ministerio Público no tiene un rol directo en las investigaciones, aunque el fiscal puede asesorar a los investigadores con respecto a cuestiones tales como el proceso legal y las leyes que gobiernan la evidencia.	La administración tributaria tiene la responsabilidad de llevar adelante las investigaciones, bajo la dirección del fiscal o, excepcionalmente, del juez.	Una agencia tributaria especializada, bajo la supervisión del Ministerio de Hacienda pero fuera de la administración tributaria, tiene la responsabilidad de llevar adelante las investigaciones, que pueden involucrar a fiscales.	La policía o el fiscal tienen la responsabilidad de llevar adelante las investigaciones.

84.   Sin embargo, en algunos países puede utilizarse una combinación de modelos en función de las circunstancias del caso, o puede haber otro modelo totalmente diferente.

Recuadro 5.1. Una nueva Unidad de Delitos Tributarios en Colombia

La Dirección de Impuestos y Aduanas Nacionales (DIAN) de Colombia participa del proyecto piloto de la OCDE-PNUD "Inspectores fiscales sin fronteras para investigaciones penales" (IFSF-IP). El objetivo de IFSF-IP es fortalecer las capacidades de las jurisdicciones participantes para lograr mayor efectividad en la lucha contra los delitos fiscales. A través del "Modelo de madurez de Investigación de delitos penales" de la OCDE se realizó un ejercicio de autoevaluación para determinar las brechas en las capacidades actuales. El Plan de Acción elaborado por la OCDE basado en el proceso de autoevaluación, recomendó la creación de una nueva unidad de investigación de delitos fiscales dentro de la DIAN para abordar las brechas de gobernanza y las deficiencias institucionales.

A partir de ello, el 22 de diciembre de 2020 Colombia promulgó el Decreto 1742 por el cual se crea una nueva unidad de investigación de delitos fiscales dentro de la DIAN. Esta nueva unidad estará a cargo de informar sospechas de delitos, incluyendo la evasión fiscal, el fraude y el contrabando, a la agencia de aplicación de la ley; participará en equipos conjuntos de investigación; e intercambiará información tanto a nivel nacional, como transfronterizo para la investigación de delitos.

---

85.   Sea cual fuere el modelo organizacional que se utilice, es importante que la agencia u organismo responsable de investigar y enjuiciar los delitos fiscales tenga responsabilidades claramente definidas. Esto ayudará a asegurar que las responsabilidades por cada uno de los aspectos de la lucha contra los delitos fiscales estén claramente asignadas, ayudando a reducir la posibilidad de la ineficiente duplicación de responsabilidades. Esto debería ir acompañado de disposiciones legales de gobernanza claras (como la responsabilidad bien establecida por la toma de decisiones, la rendición de cuentas y la supervisión), las facultades de investigación apropiadas (véase el Principio 3) y recursos adecuados (véase el Principio 6). La estructura organizativa también debería alinearse estrictamente con los modelos de cooperación interinstitucional (véase el Principio 8).

86.   Para más información sobre los modelos organizativos utilizados por las autoridades aduaneras, anti-lavado de dinero, anticorrupción y otras autoridades encargadas de hacer cumplir la ley, véase OCDE (2017), Cooperación Interinstitucional Eficaz en la Lucha contra los Delitos Fiscales y Otros Delitos Financieros, Tercera Edición (OCDE, 2017[5]).

Bibliografía

OCDE (2017), *Effective Inter-Agency Co-Operation in Fighting Tax Crimes and Other Financial Crimes (Cooperación Interinstitucional Eficaz en la Lucha contra los Delitos Fiscales y Otros Delitos Financieros) - Tercera Edición*, OCDE, París, http://www.oecd.org/tax/crime/effective-inter-agency-co-operation-in-fighting-tax-crimes-and-other-financial-crimes.htm.   [1]

Principio 6 Contar con recursos adecuados para la investigación de los delitos fiscales

Las agencias de investigación de delitos fiscales deben contar con los recursos adecuados.

Introducción

87.   Sea cual fuere el modelo organizativo, deberían asignarse recursos suficientes para investigar y adoptar medidas coercitivas con respecto a los delitos fiscales. El nivel y el tipo de recursos variarán de acuerdo con las restricciones generales en el presupuesto y otras prioridades presupuestarias de la jurisdicción. En particular, el tipo de recursos necesarios puede variar dependiendo de la naturaleza, la escala y la etapa de desarrollo de la economía. Por ejemplo, puede ser más urgente construir la infraestructura legal y física antes de adquirir avanzadas herramientas analíticas y tecnológicas.

88.   Además, la asignación de recursos a diferentes funciones dentro del organismo encargado de llevar a cabo investigaciones sobre delitos fiscales variará dependiendo de otros factores, como las prioridades estratégicas y la estructura organizativa.

89.   Reconociendo estas circunstancias, los recursos importantes para las agencias que combaten delitos tributarios son:

Recursos financieros

90.   Esto significa tener el presupuesto y el financiamiento para pagar las necesidades de la agencia. Este es el presupuesto promedio de las jurisdicciones encuestadas cuyos datos estaban disponibles:

Tabla 6.1. Respuestas a la encuesta: Presupuesto anual promedio entre 2015 y 2018 asignado a la investigación de los delitos fiscales calculado en Euros (no incluye el presupuesto del proceso judicial)

Austria	11 400 000	Georgia	4 472 517
Canadá	47 100 000	Japón	7 035 435
Estados Unidos[2]	493 557 000	Países Bajos[1]	128 000 000
Estonia	3 000 000	Sudáfrica	10 000 000

1. Las cifras incluyen todo el Servicio de Información Fiscal e Investigación (FIOD, por sus siglas en neerlandés).
2. La mayor parte de este presupuesto se destina a la investigación de delitos fiscales

91.   La mayoría de las jurisdicciones encuestadas indicaron que la asignación de su presupuesto no dependía del cumplimiento de medidas de desempeño definidas, incluso en aquellos casos en los que había objetivos de desempeño acordados. Según la encuesta, tener objetivos de rendimiento predefinidos era poco común. Una minoría de entre las jurisdicciones que respondieron a la encuesta, señaló que tenían objetivos de rendimiento identificados, que incluían un número mínimo de investigaciones concluidas, cantidad o porcentaje de investigaciones que condujeron a proceso judicial, ganancias excedentes, tiempo objetivo para completar una investigación y objetivo de recaudación de ingresos.

92.   Algunas jurisdicciones encuestadas pudieron estimar el rendimiento de la inversión de la función de investigación de delitos fiscales, como se indica debajo.

Recuadro 6.1. Rendimiento estimado de la inversión del presupuesto de investigación penal fiscal

- En Georgia, por cada Lari georgiano invertido en la investigación de delitos fiscales, el servicio de investigación recaudó GEL 1.88 en 2018 (**rendimiento del 88%**)
- En México, por cada dólar utilizado para los juicios de delitos fiscales en 2019, hubo un rendimiento de 16 (**rendimiento del1 600%**).
- En España, entre 2015 y 2019, por cada euro gastado en las investigaciones impositivas, la Agencia tributaria recaudó 11,51 euros (**rendimiento del 1 151%**).
- A un nivel federal, Suiza estima un rendimiento de la inversión en la investigación de delitos fiscales de 20 veces el costo total de su personal (**rendimiento del 2 000%** sobre los costos de personal).

Recursos humanos

93.   Esto significa contar con personal con los conocimientos, experiencia, capacitación y habilidades adecuados. Es probable y esperable que los recursos humanos tengan un impacto significativo en el uso eficiente de los recursos financieros. Esto incluye tener una cantidad suficiente de empleados trabajando en investigaciones de delitos fiscales. El número de empleados en el área responsable de las

investigaciones de delitos fiscales de las jurisdicciones encuestadas, donde los datos estaban disponibles, fue el siguiente:

Tabla 6.2. Promedio del personal a tiempo completo o equivalente encargado de investigar delitos fiscales en 2018

País	Personal tiempo completo	País	Personal tiempo completo
Alemania	2 454	Estados Unidos	2 200
Argentina	83	Grecia	1 782
Austria	145	Honduras	45
Azerbaiyán	40	Hungría	1 179
Canadá	564	Irlanda	2 000
Chile	56	Israel	500
Colombia	132	Japón	1 494
Costa Rica	246	México	60
República Checa	300	España	4 800
Francia	105	Suecia	200
Georgia	394	Suiza	22

Nota: Las cifras de Argentina representan la cantidad de fiscales a cargo de delitos fiscales. Las cifras de Austria representan la Unidad de Investigación de Delitos Fiscales. Las cifras de Azerbaiyán representan a DPTIC. Las cifras de Canadá representan su Departamento de Investigaciones Penales de la Agencia de Ingresos de Canadá (CID-CRA). Las cifras de Chile representan los Departamentos de Delitos Fiscales y de la Defensa Judicial Penal del Servicio de Impuestos Internos para 2020. Las cifras de Costa Rica representan la cantidad de agentes a cargo de fiscalizaciones. Las cifras de la República Checa incluyen los promedios del Comando de Delitos Económicos Graves y Corrupción de Agencia Nacional contra el Crimen Organizado (NOCA), la División de Gestión del riesgo y la FCD en 2015. Las cifras de Francia representan la Fiscalía de Delitos Financieros, la Brigada nacional de represión de los delitos fiscales (BNRDF) y el Servicio de investigaciones judiciales (SEJF). Las cifras de Alemania representan la cantidad de inspectores fiscales. Las cifras de Hungría representan el Servicio de Investigación Penal de la Administración Tributaria y Aduanera Nacional (NTCA) en 2020. Las cifras de Honduras representan la división de investigaciones penales del Servicio de Administración de Rentas (SAR). Las cifras de Israel representan un promedio de la cantidad de personal a cargo de las investigaciones penales de la Autoridad Tributaria de Israel(ITA).Las cifras de Japón representan la cantidad de personal dedicado a las investigaciones penales en la Agencia Nacional Tributaria (NTA). Las cifras de México representan los abogados de la Procuraduría Fiscal de la Federación (PFF). Las cifras de España representan la AEAT. Las cifras de Suecia representan el promedio para 2015-19 de Servicio de Administración Tributaria /UIF. Las cifras de Suiza representan un promedio de la Autoridad Nacional de Protección de Datos/ Administración Federal Tributaria (DPAI/FTA). Las cifras de los Estados Unidos representan los investigadores y supervisores del IRS-CI.

94.   Tener los recursos humanos necesarios también incluye asegurar que el personal tenga las habilidades y los conocimientos adecuados para llevar a cabo investigaciones financieras complejas. Esto implica dos aspectos: contar con personal con experiencia en todos los campos relevantes; y proporcionar capacitación continua sobre riesgos emergentes, herramientas y habilidades de investigación.

95.   La necesidad de garantizar que la agencia disponga de la experiencia necesaria en todos los ámbitos pertinentes refleja el hecho de que las investigaciones sobre delincuencia financiera pueden exigir conocimientos y "know-how" especializados. Todos los investigadores financieros deben tener un cierto nivel básico de conocimientos financieros y habilidades tales como técnicas de investigación práctica, gestión de casos y la recopilación de inteligencia. Además, se necesitarán investigadores financieros más especializados, como contadores, especialistas en recuperación de activos, expertos cibernéticos y expertos forenses.

Capacitación

96.   La capacitación debe ser continua y estar disponible para todo el personal en todos los niveles de experiencia y debe incluir áreas tales como conocimientos jurídicos, riesgos emergentes, técnicas de

investigación, técnicas de entrevista, uso y aprovechamiento de soluciones tecnológicas, habilidades de gestión y trabajo en investigaciones interinstitucionales e internacionales. En la medida de lo posible, la formación debe incluir una formación práctica extraída de casos reales, así como la incorporación de sesiones de formación conjuntas con investigadores, fiscales, autoridades fiscales y otras partes interesadas para crear una mayor conciencia de las posibilidades de cooperación interinstitucional. La formación internacional también puede ser beneficiosa para compartir diferentes enfoques y crear una red de profesionales que puedan mejorar la cooperación internacional.

Recursos de infraestructura

97. Esto significa contar con una gama de herramientas físicas necesarias para llevar a cabo investigaciones de delitos fiscales de manera efectiva, tales como herramientas forenses, equipos administrativos (incluidas las acciones coercitivas), la capacidad de manejar pruebas de forma segura y plataformas de comunicación efectivas, entre otros.

Recursos de la organización

98. Esto significa tener recursos organizativos y estratégicos sólidos que permitan realizar el trabajo y utilizar los recursos de manera eficiente, así como una red de relaciones interinstitucionales

Recursos de datos y tecnología

99. Es importante que los investigadores tengan acceso a datos e inteligencia relevantes, así como también el hardware y el software para analizarlos. En términos de los datos e inteligencia requeridos, esto debe incluir el acceso a información tributaria y sobre otros ingresos, información de cuentas bancarias, información de bienes raíces e información comercial y societaria. En términos de recursos tecnológicos, esto incluye computadoras, sistemas informáticos, teléfonos inteligentes y sistemas de almacenamiento de datos, así como las herramientas analíticas para establecer vínculos, patrones y riesgos entre diferentes fuentes de datos (tanto estructurados como no estructurados). Cada vez más, los organismos encargados de hacer cumplir la ley deben tener las habilidades y herramientas para realizar investigaciones en respuesta a la creciente digitalización y globalización de la actividad delictiva y es probable que la información y el análisis de datos sean aún más importantes y se necesite acceso a una gama más amplia de información digital y herramientas analíticas. La encuesta muestra que las jurisdicciones que respondieron tienen acceso a una variedad de bases de datos. Se debe tener en cuenta que no todas estas bases de datos existen en cada jurisdicción. La tabla debajo intenta describir los enfoques actuales tomados por diferentes jurisdicciones, que dependen de la estructura organizacional y la disponibilidad y sensibilidad de ciertos datos. Con ello no se pretende llegar a una conclusión sobre la efectividad de tales formas de acceso.

Tabla 6.3. Respuestas a la encuesta: Acceso a las base de datos y registros públicos

	Acceso previa solicitud		Acceso directo		Sin acceso
Constitución de la sociedad / Registro de la propiedad	Alemania Argentina Australia Canadá Colombia Costa Rica ReúublicaCcheca[1]	Estados Unidos Honduras Japón México Nueva Zelanda Reino Unido Sudáfrica	Austria Brasil República Checa [2] Dinamarca Francia Georgia Grecia Hungría Irlanda Islandia	Corea España Estados Unidos Israel Italia Noruega Nueva Zelanda Países Bajos Suecia Suiza	Chile
Registro catastral	Alemania Australia Canadá Costa Rica Dinamarca Francia Grecia Japón	Corea Estados Unidos México Nueva Zelanda Reino Unido Sudáfrica Suiza	Austria Brasil Colombia República Checa Georgia Honduras Hungría Irlanda Islandia	España Estados Unidos Israel Italia Noruega Nueva Zelanda Países Bajos Suecia	Chile
Registro de ciudadanos[3]	Alemania Australia Corea Costa Rica Grecia Irlanda Japón	España Estados Unidos México Nueva Zelanda Reino Unido Sudáfrica Suiza	Argentina Austria Brasil Chile Colombia República Checa Dinamarca Francia Georgia	Estados Unidos Honduras Hungría Islandia Israel Italia Noruega Países Bajos Suecia	Canadá
Bases de datos tributarias	Brasil Colombia Costa Rica Dinamarca Francia	Hungría México Noruega Suecia	Alemania Argentina Australia Austria Canadá República Checa [4] Chile Francia[5] Georgia Grecia Honduras Irlanda Islandia	Corea España Estados Unidos Israel Italia Japón Noruega Nueva Zelanda Países Bajos Reino Unido Sudáfrica Suecia Suiza	
Bases de datos aduaneras	Alemania Australia Brasil Canadá Colombia Dinamarca Francia Grecia[6] Hungría	Corea Estados Unidos Japón México Noruega Nueva Zelanda Suecia Suiza[7]	Argentina Austria República Checa[8] Georgia Grecia[9] Honduras Irlanda Islandia Israel	España Italia Países Bajos Reino Unido Sudáfrica Suiza[10]	Chile Costa Rica

	Acceso previa solicitud		Acceso directo		Sin acceso
Bases de datos de Policía	Alemania Argentina Australia Francia Grecia[11] Honduras Irlanda Israel Japón	Corea Estados Unidos México Nueva Zelanda Reino Unido Sudáfrica Suiza[12]	Argentina Austria Azerbaiyán Brasil Canadá República Checa Colombia Costa Rica Dinamarca	Francia[13] Georgia Grecia[14] Hungría Italia Noruega Países Bajos Suecia[15]	Chile España Islandia Noruega Suiza
Bases de datos Judiciales	Alemania Australia Austria Canadá República Checa Georgia Grecia Honduras Hungría	Corea Estados Unidos Irlanda México Nueva Zelanda Países Bajos Reino Unido Sudáfrica	Argentina Brasil Colombia Costa Rica Francia Islandia Italia Japón Nueva Zelanda	Estados Unidos Israel Noruega Suiza	Chile España Noruega Suecia Suiza
Bases de datos RTS	Alemania Austria Brasil[16] República Checa Georgia Grecia[17] Honduras Hungría Israel	Corea España Italia Japón México Nueva Zelanda Países Bajos Suecia	Australia Dinamarca Grecia[18] Irlanda Japón Sudáfrica	Estados Unidos Reino Unido	Argentina Canadá Chile Colombia Costa Rica Francia Islandia Noruega Suiza
Bases de datos de cuentas en bancos locales	Alemania Argentina Australia Brasil Colombia República Checa Francia Georgia Grecia Honduras Hungría Islandia	Corea España Estados Unidos Irlanda Israel Japón México Noruega Reino Unido Sudáfrica Suiza	Austria Azerbaiyán Costa Rica Francia[19] Italia Países Bajos		Argentina Canadá Chile Suecia
Registro Automotor	Alemania Australia Canadá Corea Honduras Japón	México Nueva Zelanda Reino Unido Sudáfrica Suiza[20]	Argentina Austria Brasil Chile Colombia Costa Rica República Checa Dinamarca Francia Georgia Grecia Hungría	España Estados Unidos Irlanda Islandia Israel Italia Noruega Nueva Zelanda Países Bajos Suecia Suiza[21]	

	Acceso previa solicitud		Acceso directo		Sin acceso
Registro de Embarcaciones	Alemania Argentina Australia Austria Brasil Canadá República Checa Dinamarca Francia Georgia Grecia	Corea Estados Unidos Honduras Irlanda Islandia Japón México Nueva Zelanda Reino Unido Sudáfrica Suiza[22]	Colombia Costa Rica Hungría Israel Italia Noruega Países Bajos	España Suiza[23]	Chile

1. Copias escritas certificadas de los documentos del Registro de Comercio.
2. Certificado electrónico de constitución, sin verificación oficial con fines operativos.
3. algunas Jurisdicciones pueden no tener tal registro.
4. Para funcionarios designados a cargo de las investigaciones de delitos fiscales. Los funcionarios no designados deben gestionar sus solicitudes a través de la Oficina del Ministerio Público Fiscal (SPPO).
5. La autoridad de investigación tiene acceso directo solo a 4 bases de datos; el acceso a cualquier otra base de datos debe ser solicitado.
6. División Financiera de la Policía griega (FPD), UIF.
7. Administración Tributaria Federal, Administraciones Tributarias Cantonales.
8. Para funcionarios designados a cargo de las investigaciones de delitos fiscales. Los funcionarios no designados deben gestionar sus solicitudes a través de la Oficina del Ministerio Público Fiscal(SPPO).
9. Servicios para Investigaciones y la Protección de los Ingresos Públicos (YEDDE).
10. Administración Tributaria Federal.
11. Servicios para Investigaciones y la Protección de los Ingresos Públicos (YEDDE).
12. Administración Aduanera Federal.
13. Acceso directo a la base de datos de los registros penales.
14. División Financiera de la Policía griega (FPD), UIF.
15. Autoridad Sueca de Delitos Económicos (SECA).
16. Por solicitud o espontáneo de la UIF.
17. División Financiera de la Policía griega (FPD), Servicios para Investigaciones y la Protección de los Ingresos Públicos griegos (YEDDE).
18. UIF.
19. La lista de cuentas de una persona tiene acceso directo, pero no así sus saldos u operaciones, que solo pueden accederse previa solicitud.
20. Administración Tributaria Federal, Administraciones Tributarias Cantonales.
21. Administración Aduanera Federal.
22. Administración Tributaria Federal, Administraciones Tributarias Cantonales.
23. Administración Aduanera Federal.

Principio 7 El delito fiscal como delito predicado o delito subyacente para el lavado de dinero

Las Jurisdicciones deben designar los delitos fiscales como uno de los principales delitos predicados del lavado de dinero.

Introducción

100.   Las recomendaciones del Grupo de Acción Financiera (GAFI) estipulan que "... Los países deben aplicar el delito de lavado de activos a todos los delitos graves, con la finalidad de incluir la mayor gama posible de delitos determinantes" (Recomendación 3). (GAFI, 2012-2020[7]).

101.   Los delitos determinantes o predicados constituyen un componente de un delito más grave. En lo que respecta al lavado de activos, los delitos predicados pueden dar lugar a fondos o activos que pueden luego ser "lavados" para oscurecer su fuente ilegal. Por ejemplo, el delito predicado del narcotráfico puede generar ingresos y, mediante uno de los pasos básicos de la colocación, la superposición y la integración, ocultar la fuente ilegal de los fondos, lo que le permite al narcotraficante utilizar los fondos sin generar sospechas de actividad delictiva.[1]

102.   La designación de ciertos delitos como delitos predicados o subyacentes significa que una persona puede ser acusada del delito de lavado de dinero, como así también el delito predicado propiamente dicho.

103.   Durante la última revisión de las Normas del GAFI en 2012, "los delitos fiscales (relacionados con los impuestos directos e indirectos)" se identificaron por separado en la lista existente de categorías específicas de delitos que deberían ser delitos predicados para el lavado de dinero (GAFI, 2012-2020[7]).[2]

104.   La inclusión de los delitos tributarios como delito determinante para el lavado de dinero es importante porque significa que:

- Una persona que ha cometido lavado de dinero también puede ser acusada por el delito predicado o subyacente. Esto puede permitir a las autoridades lograr un mayor alcance para asegurar una condena y/o para imponer mayores penas. En la práctica, si se lleva a cabo la investigación o el proceso judicial de uno o ambos delitos dependerá del caso y de factores tales como la naturaleza de la evidencia y los elementos del delito que deben probarse.

- Las instituciones financieras y otros profesionales designados, y las entidades declarantes están obligados a presentar reportes de operaciones sospechosas (ROS), que son informes de sospechas de que los fondos del cliente son el producto de una actividad delictiva, incluyendo el lavado de dinero, así como del delito subyacente. Los ROS pueden incluir sospechas de que los fondos de los clientes son producto de delitos fiscales. Esto puede ayudar a que el sector privado proporcione mayor inteligencia a las autoridades gubernamentales. Para que esto sea más efectivo, es necesario aumentar la concientización entre las entidades declarantes pertinentes de los riesgos e indicadores de que los fondos son producto de delitos fiscales. Estos informes son presentados a las unidades de inteligencia financiera (UIF).

- Los ROS son analizados por la unidad de inteligencia financiera (UIF) y, de corresponder, la información se divulga a las autoridades nacionales competentes responsables de investigar y/o enjuiciar el delito predicado relevante. Como tal, es posible que los ROS sean compartidos por la UIF con la autoridad encargada de investigar y/o enjuiciar los delitos fiscales (ver también el Principio 8) (OCDE, 2015[8]).[3]

- Los mecanismos de cooperación internacional en virtud de las Recomendaciones del GAFI se aplican entre las autoridades que tienen la responsabilidad de investigar y/o enjuiciar el lavado de dinero y los delitos predicados. Cuando los delitos fiscales se incluyen como delitos subyacentes, las vías para la cooperación internacional se amplían hasta incluir a las autoridades responsables de investigar y/o enjuiciar los delitos fiscales. Esto implica el intercambio directo de información y la asistencia judicial recíproca, tanto entre las autoridades de investigación fiscal y las judiciales como entre las autoridades judiciales y de investigación, fiscales y no fiscales (ver también el Principio 9).

105.   En la práctica, la mayoría de las jurisdicciones encuestadas han observado que la inclusión de delitos fiscales como un delito predicado ha tenido un impacto práctico y positivo en su trabajo. Sobre la base de los datos de la encuesta, el impacto más reportado de los delitos fiscales como delito determinante fue una mejor cooperación interinstitucional. Esto incluye una mayor capacidad para trabajar con otras agencias en casos particulares y, en general, en cuestiones estratégicas y de políticas, una mayor concienciación entre otras fuerzas del orden, agencias de inteligencia y entre el sector privado sobre la posibilidad de que ocurran delitos fiscales, y mejores vías de comunicación con otras agencias. Muchas jurisdicciones también informaron tener un mejor acceso a la información (particularmente de la UIF y el aumento de ROS). Algunas jurisdicciones también informaron que los procesos judiciales fueron más fáciles de emprender y que hubo un aumento en los procesamientos.

106.   Aunque no se definen los "delitos fiscales", la Nota Interpretativa del GAFI a la Recomendación 3 establece que las jurisdicciones deben aplicar el delito de lavado de dinero a todos los delitos graves, con miras a incluir la más amplia gama de delitos predicados. Cada jurisdicción debe determinar cómo se aplicará el requisito en su legislación interna, incluyendo cómo definirá el delito y los elementos de los delitos que los tipifican como delitos graves.

107.   Existen diferentes maneras en que las jurisdicciones pueden designar delitos fiscales como delitos predicados del lavado de dinero. Por ejemplo, las jurisdicciones pueden:

- utilizar un **enfoque inclusivo** e identificar todas los ilícitos penales como delitos predicados;

- utilizar un **criterio de umbral** y designar como delito predicado todos los delitos que cumplan un cierto umbral, tal como ser punible con un año de prisión o más, o los delitos designados en una categoría de "delitos graves"; o
- usar un **enfoque taxativo** y crear una lista explícita de delitos que son considerados predicados.

108.   Todas las jurisdicciones encuestadas con excepción de Honduras, tienen delitos designados como predicados para el lavado de dinero. Las jurisdicciones están utilizando los siguientes enfoques en la práctica:

Figura 7.1. Enfoque para incluir los delitos fiscales como delitos predicados para el lavado de dinero

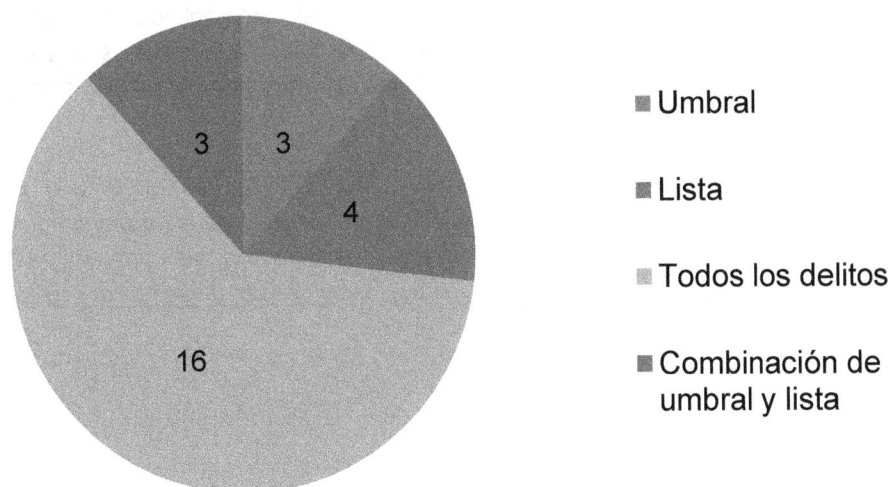

Nota: **Umbral**: Australia, Austria, Canadá; **Lista**: Colombia, Alemania, Israel, Corea; **Combinación**: Grecia, Japón, Suiza; **Todos los delitos**: Argentina, Brasil, República Checa, Francia, Georgia, Hungría, Islandia, Irlanda, Italia, Países Bajos, Nueva Zelanda, Noruega, Sudáfrica, España, Suecia, Reino Unido.

109.   Tres jurisdicciones informaron utilizar el "enfoque de umbral" (solo o como parte de un enfoque combinado). Algunas de ellas definieron el umbral como ilícitos punibles con una pena de prisión que excede un cierto tiempo (que va de seis meses a cuatro años) y otros definieron el umbral como aquellos ilícitos enjuiciados mediante acusación.

Bibliografía

GAFI (2012-2020), *International Standards on Combating Money Laundering and the Financing of Terrorism & Proliferation*, GAFI, http://www.fatf-gafi.org/publications/fatfrecommendations/documents/fatf-recommendations.html. [1]

OCDE (2015), *Improving Co-operation between Tax and Anti-Money Laundering Authorities*, OCDE, París, http://www.oecd.org/tax/crime/improving-cooperation-between-tax-and-anti-money-laundering-authorities.htm. [2]

Notas

[1]Ver también OCDE (2009), *Lavado de Dinero – Manual para inspectores y fiscalizadores*, OCDE, París, www.oecd.org/ctp/crime/money-laundering-awarenss-handbook.htm.

[2]La lista de categorías designadas de delitos incluidas en las Recomendaciones del GAFI son: participación en un grupo delictivo organizado y extorsión; terrorismo, incluido el financiamiento del terrorismo; trata de seres humanos y tráfico ilícito de migrantes; explotación sexual, incluida la explotación sexual de niños; tráfico ilícito de estupefacientes y sustancias psicotrópicas; tráfico ilícito de armas; tráfico ilícito de bienes robados y otros; corrupción y soborno; fraude; falsificación de moneda; fraude marcario y piratería de productos; delitos ambientales; asesinato, lesiones corporales graves; secuestro, inmovilización ilegal y toma de rehenes; robo o hurto; contrabando (incluido en relación con los impuestos y derechos de aduana e impuestos internos); delitos fiscales (relacionados con impuestos directos e indirectos); extorsión; falsificación; piratería; y tráfico de información privilegiada y manipulación del mercado.

[3] Ver también el principio 8 para mayores detalles y OCDE, (2015), *La mejora de la cooperación entre las autoridades fiscales y de lucha contra el lavado de dinero: acceso de las administraciones tributarias a la información en poder de las unidades de inteligencia financiera con fines penales y civiles*, OCDE, París, http://www.oecd.org/tax/crime/improving-co-operation-between-tax-and-anti-money-laundering-authorities.htm.

Principio 8 Tener un marco efectivo para la cooperación interinstitucional nacional

Las Jurisdicciones deben contar con un marco jurídico y administrativo eficaz para facilitar la colaboración entre las autoridades tributarias y otros organismos nacionales encargados de hacer cumplir la ley y de inteligencia.

Introducción

110.   La lucha contra los delitos financieros comprende una serie de etapas clave, entre ellas la prevención, detección, investigación y enjuiciamiento de los delitos y la recuperación del producto del delito. Dependiendo de las circunstancias, esto puede involucrar a varios organismos gubernamentales, incluyendo la administración tributaria, la administración de aduanas, los reguladores financieros, las autoridades de lucha contra el lavado de dinero, incluyendo la Unidad de Inteligencia Financiera (UIF), la policía y los organismos especializados de aplicación de la ley, las autoridades anticorrupción y la fiscalía.

111.   Además, los distintos organismos pueden disponer de facultades únicas de información o de investigación y de aplicación de la ley que pueden mejorar la investigación de otro organismo en relación con un delito en particular. Esto hace que la cooperación entre los organismos pertinentes sea particularmente importante y beneficiosa. Esto incluye el intercambio de información, así como otras formas de cooperación. Las formas de cooperación que se señalan a continuación también pueden utilizarse en paralelo entre sí, y una no excluye necesariamente la otra. A fin de aprovechar al máximo la cooperación, será especialmente útil que los organismos pertinentes cuenten con puntos de contacto identificables para el intercambio de información y la cooperación, así como una comprensión clara de los tipos de información y competencias que poseen los demás organismos.

112. Toda cooperación de esta índole está sujeta a la legislación nacional y a la necesidad de prevenir cualquier abuso de poder. Además, dependiendo de la estructura organizativa existente en una jurisdicción, y qué agencia tiene la responsabilidad de investigar los delitos fiscales (ver el Principio 5 para más detalles) diferentes formas de cooperación pueden resultar apropiadas.

El intercambio de información

113. Una forma común de cooperación es el intercambio de información. En el curso de sus actividades, las distintas agencias gubernamentales recopilan y mantienen información sobre individuos, corporaciones y transacciones que pueden ser directamente relevantes para las actividades de otros organismos en la lucha contra la delincuencia financiera.

114. El intercambio eficaz de información puede utilizarse para mejorar la prevención y detección de delitos, identificar pruebas que puedan conducir a nuevas investigaciones y apoyar investigaciones en curso. En algunos casos, la información puede ser de un tipo que el organismo receptor no puede obtener directamente, en particular cuando la información es de carácter especializado, como la que tiene la administración tributaria o la UIF. En otros, la capacidad de recibir información de otras agencias puede reducir la duplicación de trabajo de diferentes organismos, aumentar la velocidad y reducir el costo de las investigaciones, dar lugar a procesos más rápidos y más exitosos y aumentar la probabilidad de recuperación del producto del delito.

115. Además, el intercambio de información puede utilizarse para identificar nuevos ángulos a las investigaciones existentes, como cuando una investigación sobre un delito fiscal revela otras actividades delictivas y el lavado de dinero. El uso de información de diferentes fuentes puede aumentar la comprensión de los oficiales sobre un asunto o las actividades de un sospechoso, posiblemente incrementando la efectividad de las investigaciones. Es importante destacar que los mecanismos de intercambio de información pueden utilizarse para desarrollar relaciones entre las agencias y las personas clave en esas agencias, lo que puede ser beneficioso para desarrollar formas nuevas y mejoradas de cooperación interinstitucional.

Puertas de enlace legales para el intercambio de información

116. Para que la información sea compartida, deben existir puertas de enlace legales entre los organismos pertinentes. Las formas legales para compartir información pueden tomar varias formas, tales como:

- La legislación primaria a menudo proporciona el marco básico para la cooperación. Esto podría darse mediante la exigencia explícita de que una agencia comparta ciertos tipos de información en circunstancias específicas o permitiendo generalmente el intercambio de información entre agencias con sujeción a excepciones limitadas.

- Cuando lo permita la ley, las agencias pueden celebrar acuerdos bilaterales o "memorandos de entendimiento", acordando compartir información cuando sea pertinente para las actividades de la otra agencia. Estos memorandos suelen contener detalles de los tipos de información que se compartirán, las circunstancias en las que se realizará el intercambio y cualquier restricción sobre el intercambio de información tal como que la información sólo se puede utilizar para fines específicos. Los memorandos también pueden incluir otros términos acordados por las agencias, tales como el formato de cualquier solicitud de información, detalles de los funcionarios competentes autorizados para tramitar las solicitudes y plazos de notificación y entrega de información acordados o el requerimiento para que la agencia que recibe la información proporcione comentarios respecto de los resultados de las investigaciones en las que se utilizó la información.

Modelos de intercambio de información

117.   En general, hay cuatro tipos diferentes de cooperación en materia de intercambio de información entre agencias:

- acceso directo a la información contenida en los registros o en la base de datos de la agencia. Esto puede incluir el acceso directo a datos masivos o a granel, así como los derechos de acceso específicos a un registro o archivo particular de un caso;

- la obligación de proporcionar información de manera automática (es decir, periódicamente) o espontáneamente, (es decir, en ocasiones cuando se identifique información pertinente), normalmente cuando las categorías de dicha información estén predefinidas (a veces expresadas como «obligación de informar»);

- una capacidad, pero no una obligación, de proporcionar información espontáneamente; y

- una obligación o capacidad de proporcionar información, pero sólo en respuesta a una solicitud específica hecha caso por caso.

Formas de intercambio de información

118.   Las diferentes formas de intercambio de información pueden ser particularmente eficaces en contextos diversos. Por ejemplo

- Cuando la información es adecuada para el uso con fines de análisis y evaluación de riesgos de alto nivel, el acceso directo o el intercambio automático o espontáneo podría ser más eficaz. Operacionalmente, esto será más efectivo si los tipos de información que se comparten están claramente definidos y pueden ser automatizados. También puede ayudar en la detección de actividad penal previamente desconocida. En este caso puede ser relevante la capacitación sobre el uso de mecanismos de acceso directo, incluyendo las protecciones y procesos para garantizar la confidencialidad y la protección de datos.

- El intercambio espontáneo discrecional de información puede ser muy efectivo cuando existe una relación de cooperación de larga data entre los organismos involucrados, y existe una comprensión clara de qué información puede ser útil en las actividades de la agencia receptora. Al igual que el acceso directo o el intercambio automático, esto puede ayudar a alertar de manera proactiva a una agencia sobre actividades penales previamente desconocidas. Esto debería incluir, como mínimo, el intercambio espontáneo de información por parte de las autoridades tributarias con las autoridades nacionales apropiadas de aplicación de la ley de las sospechas de delitos graves, incluido el soborno extranjero, el lavado de dinero y la financiación del terrorismo. (OCDE, 2009[9]) (OCDE, 2010[10]).

- Cuando la información necesaria es muy específica o necesita respetar cierta forma, la solicitud de información o el acceso directo al registro de un caso específico puede ser lo más adecuado. Es probable que esto sea más relevante cuando una investigación esté relativamente avanzada y la agencia investigadora ya tenga información suficiente para proporcionar la base de la solicitud.

119.   Habida cuenta de la variedad de técnicas de investigación disponibles a lo largo de toda la investigación, puede resultar más eficaz si se dispone de la gama más amplia posible de métodos de intercambio de información, tanto desde la agencia investigadora de delitos fiscales como hacia ésta. Sin

embargo, cualquiera que sea el tipo de intercambio de información que se utilice, es importante proteger la confidencialidad de la información y la integridad del trabajo realizado por otros organismos y de conformidad con la legislación nacional. Esto incluiría, probablemente, establecer parámetros claros en relación con los cuales las personas pueden acceder a la información y con qué fin, así como contar con mecanismos de gobernanza para asegurar que la información se utilice de manera apropiada.

Otras formas de cooperación

120.   Además del intercambio de información, las autoridades encargadas de hacer cumplir la ley utilizan otras formas de cooperación. Se incluyen debajo los siguientes ejemplos:

Equipos conjuntos de investigación

121.   Estos equipos permiten a las agencias que tienen un interés común, trabajar mancomunadamente en una investigación. Además de compartir información, esto permite a un equipo de investigación aprovechar una gama más amplia de habilidades y experiencia de investigadores con diferentes antecedentes y formación. Las investigaciones conjuntas pueden evitar la duplicación resultante de investigaciones paralelas y aumentar la eficiencia al permitir a los funcionarios de cada organismo centrarse en diferentes aspectos de una investigación, dependiendo de su experiencia y de sus facultades legales. En algunos casos, las puertas de enlace para compartir información son más amplias cuando las agencias están involucradas en una investigación conjunta de lo que serían en otras circunstancias.

Recuadro 8.1. Grupo de Trabajo de Australia para Delitos Financieros Graves

El Grupo de Trabajo de Australia para Delitos Financieros Graves (SFCT), liderado por la Oficina Tributaria de Australia (ATO), es un grupo de trabajo conjunto de varias agencias que comenzó a operar el 1 de julio de 2015. Unifica los conocimientos, recursos y experiencia de las agencias regulatorias y de aplicación de la ley pertinentes que pueden identificar y abordar las formas más serias y complejas de delitos financieros. Como tal, el SFCT es el mecanismo primario utilizado por la ATO para luchar contra los delitos financieros graves.

Entre los miembros participantes del SFCT se encuentran: La Policía Federal de Australia (AFP), la Oficina Tributaria de Australia (ATO), la Comisión de Inteligencia Penal de Australia (ACIC), Departamento del Fiscal General (AGD), el Centro de Informes y Análisis de Transacciones de Australia (AUSTRAC), la Comisión de Valores e Inversiones de Australia (ASIC), el Director del Ministerio Público del Commonwealth (CDPP), el Departamento de Asuntos Internos, que incorpora su brazo operativo, las Fuerzas de Frontera de Australia (ABF) y la Agencia de Gobierno de Australia.

El SFCT unifica los conocimientos, recursos y experiencia de las agencias regulatorias y de aplicación de la ley pertinentes que pueden identificar y abordar las formas más serias de delitos que suponen el riesgo más alto para el sistema tributario y jubilatorio de Australia. También apoya la participación de Australia como miembro de la Grupo Global de Control de Impuestos (J5).

Centros de inteligencia interinstitucionales

122.   Suelen establecerse para centralizar los procesos de recopilación y análisis de información de varias agencias. Pueden establecerse centros interinstitucionales para centrarse en información operacional (información e investigaciones específicas de casos concretos) o información estratégica (evaluación más amplia de riesgos y amenazas, centrada en un área geográfica específica o en un tipo

de actividad delictiva o que tenga un rol más amplio en el intercambio de información). Estos centros realizan análisis basados en investigaciones propias, así como en la información obtenida por las agencias participantes. Al centralizar estas actividades, los funcionarios pueden obtener experiencia de asuntos jurídicos y prácticos particulares, y pueden desarrollarse sistemas especializados que pueden aumentar su eficacia. También se pueden lograr ahorros de costos, ya que los gastos de recopilación, procesamiento y análisis de datos pueden ser compartidos entre las agencias participantes

Comisiones y co-localización de funcionarios

123.   Se trata de una forma efectiva de transferir las competencias, al tiempo que permite al personal establecer contactos con sus homólogos de otra agencia. Los funcionarios en comisión comparten sus habilidades, experiencia y conocimientos especializados mientras participan directamente en el trabajo de la agencia anfitriona. Las jurisdicciones informan que los arreglos para co-localizar y comisionar a funcionarios tiene mayores beneficios para la cooperación interinstitucional, incluyendo alentar a los funcionarios a reconocer las oportunidades de cooperación, un compromiso más proactivo con los homólogos de otros organismos, mejorar la eficacia de la cooperación y aumentar la velocidad y eficiencia del intercambio de información.

Otros modelos

124.   Otras estrategias incluyen el uso de bases de datos compartidas, la difusión de productos de inteligencia estratégica, como boletines e informes de inteligencia, comités conjuntos para coordinar políticas en áreas de responsabilidad compartida, reuniones interinstitucionales y sesiones de capacitación para compartir información sobre las tendencias de la delincuencia financiera, la orientación sobre las técnicas de investigación y las mejores prácticas en la gestión de los casos

125.   En el contexto de lo antedicho, a continuación se mencionan, algunos ámbitos en particular donde la cooperación entre organismos ha tenido éxito en algunas jurisdicciones:

- Conceder a la administración tributaria el acceso a informes de transacciones sospechosas (o "informes de actividades sospechosas (OCDE, 2015[8])
- Conceder a la UIF el acceso a la información en poder de la administración tributaria
- Tener una estrategia coordinada para analizar y responder a los reportes de operaciones sospechosas
- Imponer obligaciones a los funcionarios fiscales para denunciar las sospechas de delitos no tributarios a la policía o al fiscal
- Utilizar grupos de trabajo multi-agencia para combatir los delitos financieros
- Establecer una estructura centralizada de cooperación interinstitucional
- Desarrollar un enfoque coordinado para recuperar el producto del delito
- Cooperar con el sector privado en la lucha contra la delincuencia fiscal

126.   Para más información sobre los modelos de cooperación interinstitucional, véase el Informe de la OCDE sobre cooperación interinstitucional eficaz en la lucha contra los delitos fiscales y otros delitos financieros de 2017 - Informe de Roma. (OCDE, 2017[5])

Bibliografía

OCDE (2017), *Effective Inter-Agency Co-Operation in Fighting Tax Crimes and Other Financial Crimes (Cooperación Interinstitucional Eficaz en la Lucha contra los Delitos Fiscales y Otros Delitos Financieros) - Tercera Edición*, OCDE, París, https://www.oecd.org/tax/crime/effective-inter-agency-co-operation-in-fighting-tax-crimes-and-other-financial-crimes.htm.

OCDE (2015), *Improving Co-operation between Tax and Anti-Money Laundering Authorities*, OCDE, https://www.oecd.org/tax/crime/improving-cooperation-between-tax-and-anti-money-laundering-authorities.htm.

OCDE (2010), *Recommendation of the Council to Facilitate Co-operation between Tax and Other Enforcement Authorities to Combat Serious Crimes*, http://acts.oecd.org/Instruments/ShowInstrumentView.aspx?InstrumentID=266.

OCDE (2009), *Recommendation of the Council on Tax Measures for Further Combating Bribery of Foreign Public Officials in International Business Transactions*, https://www.oecd.org/tax/crime/2009-recommendation.pdf.

Principio 9 Asegurar que los mecanismos de cooperación internacional estén disponibles

Las agencias de investigación de los delitos fiscales deben tener acceso a instrumentos jurídicos penales y a un marco operacional adecuado para una cooperación internacional eficaz en la investigación y el enjuiciamiento de los delitos fiscales.

Introducción

127.   Los delitos fiscales tienen muy a menudo una dimensión internacional, por ejemplo, porque una jurisdicción extranjera se utiliza para ocultar activos o rentas, o porque el producto de transacciones ilícitas se mantiene en el extranjero, sin ser declarado a las autoridades tributarias. Debido a que la actividad delictiva puede cruzar las fronteras internacionales, pero las agencias de investigación tienen poderes limitados por fronteras jurisdiccionales, la cooperación entre las agencias de investigación es de tanta importancia.

128.   La cooperación internacional puede adoptar variadas formas: intercambio de información; presentación de documentos; obtención de pruebas; facilitación en la toma de declaraciones de testigos; desplazamiento de personas para su interrogatorio; ejecución de las órdenes de embargo e incautación; e investigaciones conjuntas. Para que esa cooperación tenga lugar, debe existir un acuerdo legal que establezca las condiciones y los requisitos procesales. Estos acuerdos pueden ser acuerdos de intercambio de información (TIEA), acuerdos de intercambio de información y asistencia administrativa, tratados tributarios bilaterales y otros instrumentos (como la Convención Multilateral sobre Asistencia

Administrativa Mutua en Materia Fiscal) como así también acuerdos para la cooperación en el uso de los poderes de investigación y coercitivos (como los tratados de asistencia jurídica mutua). Estos acuerdos deben autorizar la cooperación internacional para delitos incluyendo delitos fiscales.

129.   Se presenta debajo el uso del intercambio de información y MLAT entre los encuestados. Se observa que, en algunos casos, los datos no se desglosaron para excluir las solicitudes de delitos no tributarios, y esto se observa y se muestra en cursiva cuando es pertinente

Tabla 9.1. Respuestas a la encuesta: Cantidad de solicitudes de intercambio de información y en el marco de tratados sobre cooperación judicial mutua relacionados con delitos fiscales (2015-18, salvo que se indique otra cosa)

Jurisdicción	Solicitudes EOI enviadas	Solicitudes EOI recibidas	Solicitudes MLAT enviadas	Solicitudes MLAT recibidas
Alemania	*4 500*	*4 000*	N/A	N/A
Argentina	162	25	*14*	*N/A*
Australia	1	4	*736*	*706*
Canadá	48	8	10	N/A
Checa República	N/A	N/A	*9 691*	N/A
Corea	456	380	N/A	N/A
Costa Rica	6	N/A	N/A	N/A
España	*4 292*	*7 204*	*1 685*	N/A
Estados Unidos	55	N/A	N/A	aproximadamente 15
Francia	N/A	N/A	79	29
Georgia	16	28	19	65
Hungría	2 398	985	528	1 204
Irlanda	N/A	N/A	23	68
Islandia	86	4	0	0
Japón	*2 430*	*901*	27	N/A
México	N/A	N/A	30	13
Países Bajos	1	0	91	544
Reino Unido	*N/A*	*N/A*	384	*N/A*
Suiza	2	N/A	12	N/A

Nota: Las cifras de Australia corresponden al período 2015-16. Las cifras de la República Checa corresponden al período 2017-19 e incluyen todos los delitos penales. Las cifras de Francia corresponden al período 2017-18 y solo se refieren a las solicitudes MLA relacionadas con jurisdicciones fuera de la UE (las solicitudes dentro de la UE son tratadas directamente por los tribunales). Las cifras de Alemania son aproximadas y para el período 2011-19. Las cifras de Irlanda corresponden al período 2015-19 sobre solicitudes enviadas, y para el período 2015-17 para solicitudes recibidas. Las cifras de Hungría corresponden al período 2015-19 y solo incluyen las solicitudes de asistencia internacional enviadas o recibidas por NTCA, no HFIU. La cifras de Corea corresponden al período 2017-19e incluyen cuestiones tanto fiscales como penales. Las cifras de los Países Bajos corresponden al período 2015-17. Las cifras de España corresponden al período 2016-18. Las cifras de Suiza corresponden al período 2015-16. Las cifras del Reino Unido corresponden al período 2017-19 y solo son válidas para Inglaterra y Gales. Las cifras de Estados Unidos corresponden al período 2015-16.

130.   Con miras a lograr un exitoso enfoque holístico en la lucha contra los delitos fiscales, es fundamental que los países cuenten con una red de cooperación internacional de gran alcance y funcionamiento. Esta red debe caracterizarse por lo siguiente:

- Tener una amplia cobertura geográfica de otras jurisdicciones;
- Abarcar una amplia gama de tipos de asistencia, incluido el intercambio de información y otras
- formas de asistencia en la investigación y la ejecución; (OCDE, 2012[11])

- Estar respaldado por un marco jurídico interno que permita el intercambio de información tanto enviada como recibida en virtud de instrumentos jurídicos internacionales con todos los organismos nacionales de investigación y ejecución penal pertinentes (es decir, las autoridades tributarias, las autoridades de investigación penal, las UIF y las autoridades de AML); y

- Que se puedan aplicar en la práctica, incluyendo un marco operativo claro para la cooperación internacional. Esto debería incluir la existencia de puntos de contacto dedicados e identificados, que las agencias extranjeras puedan contactar en caso de una solicitud de asistencia, recursos suficientes para satisfacer las solicitudes de asistencia, así como capacitación y sensibilización para las agencias nacionales de investigación en cuanto a disponibilidad de cooperación internacional y cómo hacer solicitudes efectivas.

131.   Aunque en muchos casos se han establecido las puertas de enlace legales, hay obstáculos prácticos que pueden tener un impacto significativo en la cooperación internacional efectiva. Las jurisdicciones encuestadas informaron obstáculos tales como: demoras causadas por la falta de canales de comunicación claros, confusión sobre la estructura organizacional o mandato en la contraparte y, por lo tanto, retrasos en la identificación de la agencia correcta a quien enviar la solicitud y dificultades de comunicación prácticas incluyendo lenguaje o falta de claridad en la presentación de los hechos en la solicitud. Los resultados de la encuesta realizada para esta guía también mostraron que las jurisdicciones pueden no mantener datos detallados para monitorear el uso o el impacto de las herramientas de cooperación internacional, lo que puede contribuir a la falta de conocimiento o al perfil reducido de estas herramientas.

Bibliografía

OCDE (2012), *International Co-operation against Tax Crimes and Other Financial Crimes: A Catalogue of the Main Instruments*, https://www.oecd.org/ctp/crime/international-co-operation-against-tax-crimes-and-other-financial-crimes-a-catalogue-of-the-main-instruments.htm.

Principio 10 Protección de los derechos de los sospechosos

Los contribuyentes sospechados o acusados de cometer un delito fiscal deben contar con los derechos procesales y fundamentales básicos.

Introducción

132.   Las personas sujetas a una investigación fiscal penal deben poder invocar ciertos derechos procesales y fundamentales que se otorgan a todas las personas sospechosas o acusadas de un acto delictivo, incluido el delito fiscal.

133.   La Declaración Universal de Derechos Humanos de las Naciones Unidas establece los derechos humanos fundamentales que deben ser universalmente protegidos (Naciones Unidas, 1948[1]). Derechos y directrices similares pueden encontrarse en el Convenio Europeo de Derechos Humanos (Tribunal Europeo de Derechos Humanos, Consejo Europeo, 1950-2010[2]) y la Comisión Africana de Derechos Humanos y de los Pueblos, principios y directrices sobre el derecho a un juicio justo y a la asistencia jurídica en África (Comisión Africana de Derechos Humanos y de los Pueblos, 2003[3]). Estos derechos pueden tener efecto en el derecho interno al estar consagrados en la constitución de un país o en una declaración de derechos o en la legislación procesal penal (Gobierno de Estados Unidos, 2002[4]) (Gobierno de Canadá, 2021[5]).

134.   En particular, los contribuyentes sospechados o acusados de cometer un delito fiscal deberían tener los siguientes derechos:

- El derecho a la presunción de inocencia;
- El derecho a ser informado de sus derechos;
- El derecho a ser informado de los detalles de lo que se le acusa;

- El derecho a permanecer en silencio;
- El derecho de acceso y consulta a un abogado y el derecho a asesoramiento legal gratuito;
- El derecho a interpretación y traducción;
- El derecho de acceso a documentos y material del caso, también conocido como un derecho a la divulgación completa;
- El derecho a un juicio rápido; y
- El derecho a la protección contra el doble riesgo (*non bis in idem*).

135.   La agencia de investigación fiscal penal debe estar al tanto de estos derechos fundamentales, ya que si no lo hace no sólo tendrá un impacto negativo en los derechos de un individuo, sino que puede tener un efecto adverso en la investigación y procesamiento de un delito fiscal, por ejemplo, cuando las pruebas obtenidas pueden declararse inadmisibles si se violan los derechos del individuo.

136.   En particular, dado que hay casos en que una investigación penal puede haberse originado como un procedimiento ordinario civil o de fiscalización, los países deberían tener salvaguardas para garantizar que los derechos del acusado estén protegidos cuando se cambie de la legislación administrativa a la penal. Por ejemplo, en un juicio civil, el contribuyente tiene la obligación de proporcionar información a la administración tributaria; sin embargo, en una investigación penal, el sospechoso puede tener el derecho de guardar silencio. Esta cuestión es de particular importancia para las administraciones tributarias que dirigen y llevan a cabo investigaciones penales dentro de la misma estructura organizativa que la función de fiscalización civil (auditoría), denominada Modelo de Organización 1 en el principio 4 anterior.

137.   La línea que separa un proceso fiscal civil de uno fiscal penal puede requerir discernimiento y puede no estar clara. Según la encuesta, la mayoría de las jurisdicciones informaron que una investigación civil se convierte en una investigación penal cuando existe una sospecha razonable de que se ha cometido un delito o cuando los hechos indican que se pudo haber cometido un delito. Un número menor de jurisdicciones utiliza un marcador objetivo para determinar cuándo un asunto civil se convierte en una investigación penal, el cual se basa en un umbral del monto de impuestos evadidos. Sobre la base de los datos de la encuesta, 11 jurisdicciones informaron que las investigaciones civiles y penales no pueden ejecutarse en paralelo, y en la práctica las fiscalizaciones civiles / administrativas se suspenderán y la investigación penal tendrá prioridad. 19 jurisdicciones informaron sobre la posibilidad de realizar fiscalizaciones civiles / administrativas en paralelo con las investigaciones penales. Muchas de estas jurisdicciones agregaron que existen salvaguardas para garantizar que los derechos de un acusado estén protegidos cuando hay una investigación civil y penal en paralelo, tal como garantizar que las investigaciones se realicen de manera independiente.

138.   A continuación, se exponen más detalles sobre cada uno de estos derechos.

El derecho a la presunción de inocencia

139.   Este es el principio que determina que una persona es considerada inocente hasta que se demuestre su culpabilidad y es un componente crítico del sistema de justicia penal. La presunción de inocencia significa que la carga de la prueba recae en la fiscalía y no en el acusado.

140.   Como ejemplo de aplicación, el Consejo Europeo adoptó recientemente una directiva destinada a reforzar algunos aspectos de la presunción de inocencia (Consejo Europeo, 2016[6]). Esta Directiva obliga a los Estados miembros a respetar las siguientes obligaciones conexas: "antes de la condena firme, las autoridades públicas no deben presentar a los sospechosos o acusados como condenados recurriendo a medidas de coerción física; asimismo la carga de la prueba recae en la fiscalía y toda duda razonable sobre la culpabilidad debe beneficiar al acusado".

El derecho del sospechoso o acusado a ser informado de sus derechos

141.   Este derecho impone a la agencia investigadora el deber de informar a un sospechoso o acusado de sus derechos. En algunas jurisdicciones, esta obligación puede ser cumplida explicando verbalmente a la persona sus derechos o por escrito mediante la emisión de una "Carta de Derechos". Estos derechos incluyen generalmente el derecho a permanecer en silencio, el derecho a ser informado de las acusaciones contra la persona y el derecho de acceso a un abogado o en algunas circunstancias el derecho a asesoramiento legal gratuito. Por ejemplo, en los Estados Unidos esto se conoce como "Advertencia Miranda", y muchos otras jurisdicciones tienen equivalentes (The Law Library of Congress, 2016[7]).

142.   En la práctica, las jurisdicciones pueden administrar estos derechos en diferentes etapas de una investigación. Algunas jurisdicciones explican al acusado sus derechos al comienzo de cualquier interrogatorio, mientras que otros pueden hacerlo cuando una persona es arrestada

El derecho a guardar silencio

143.   Este es el derecho de un acusado a negarse a comentar o proporcionar respuestas cuando es interrogado por un investigador penal. Este derecho es reconocido por la mayoría de los sistemas legales y protege a un individuo de la autoincriminación. Este derecho generalmente se aplica tanto antes como durante un juicio.

El derecho a ser informado de los detalles de lo que se lo acusa

144.   Este derecho permite al acusado conocer la naturaleza y el contenido de las acusaciones en su contra. En general se incluirían los elementos del ilícito, como los aspectos esenciales del delito, los detalles del supuesto comportamiento que condujo a la acusación y, en el caso de un delito fiscal, el supuesto daño al Estado. Generalmente, los detalles deben ser proporcionados al acusado antes de que comparezca ante el tribunal.

Derecho de acceso y consulta a un abogado y derecho a asesoramiento jurídico gratuito

145.   Alguien acusado de haber cometido un delito fiscal debe tener la oportunidad de solicitar asesoramiento jurídico. Además, si el acusado no puede permitirse el asesoramiento jurídico o la representación legal, entonces puede haber un derecho a asistencia legal financiada por el Estado. Este derecho fundamental es esencial para un sistema jurídico justo, habida cuenta de las consecuencias potencialmente graves de una condena.

146.   Los detalles específicos de estos derechos varían de un país a otro. Las jurisdicciones pueden tener diferentes prácticas con respecto al momento en el cual el derecho a solicitar asesoramiento jurídico está disponible. Por ejemplo, en Canadá el derecho se aplica a alguien que ha sido detenido o arrestado. Las jurisdicciones también tendrán diferentes enfoques del derecho a la representación legal financiada por el Estado, que puede estar disponible sólo en circunstancias específicas, como cuando el acusado cumple ciertos criterios financieros.

147.   En Europa, en virtud del artículo 6, apartado 3, letra c), del Convenio Europeo para la Protección de los Derechos Humanos, la persona acusada de un delito tiene derecho a "defenderse personalmente o mediante asistencia letrada de su propia elección o, si no tiene medios suficientes para pagar la

asistencia letrada, para que ésta se le conceda gratuitamente cuando los intereses de la justicia así lo exijan", y este derecho puede aplicarse tanto en la etapa previa al juicio como durante el juicio.

Derecho a interpretación y a traducción

148.   Este derecho permite al acusado comprender la información sobre el proceso penal en su propio idioma. Esto asegura que las barreras lingüísticas no son un obstáculo para recibir un juicio justo. Los costos asociados con estos servicios suelen ser afrontados por la fiscalía.

149.   En general, este derecho debe aplicarse al interrogatorio del sospechoso o acusado por un representante de la autoridad estatal, a las reuniones entre la fiscalía y el acusado y su abogado, y durante todas las comparecencias y audiencias.

150.   Por ejemplo, dentro de la Unión Europea, estos derechos se extienden a la traducción de documentos esenciales, incluyendo cualquier decisión que priva a una persona de su libertad, todo cargo o acusación y toda sentencia.

Derecho de acceso a los documentos y material del caso, también conocido como el derecho a la plena divulgación

151.   Esto significa que el acusado tiene derecho a conocer los detalles del caso en su contra, incluidas las pruebas en poder del fiscal. Esto permite al acusado la oportunidad de preparar una defensa. La divulgación también puede alentar la resolución del caso antes de ir a juicio, como alentar al acusado a confesar el delito y declararse culpable.

152.   La forma en que las jurisdicciones aplican este derecho puede variar. En algunos países, el fiscal tiene la obligación de revelar todas las pruebas al acusado, incluidas tanto las pruebas que son favorables al acusado, como las pruebas que son favorables a la parte demandante. Esto puede estar sujeto a la discreción del fiscal en cuanto a la oportunidad y la retención de información por razones válidas como la protección de un informante.

El derecho a un juicio rápido

153.   Este derecho debe proteger al acusado de un retraso indebido en la resolución de un juicio. Esto se debe a que un retraso indebido puede:

- Causar un perjuicio al acusado en términos de no recibir un juicio justo porque la evidencia puede no estar disponible o ser menos confiable. Por ejemplo, la memoria de un testigo puede llegar a debilitarse con el tiempo o los testigos pueden morir.
- Si el acusado está en la cárcel en espera del resultado del juicio, puede ser encarcelado por un período excesivamente largo si el acusado es posteriormente declarado no culpable del delito o si la condena impuesta al acusado es menor que el tiempo ya cumplido prisión.

154.   Puede no haber una medición definitiva de lo que es o no es un juicio rápido y esto puede depender de varios factores. Para determinar si se ha producido una violación del derecho a un juicio rápido, los factores pertinentes pueden incluir:

- La duración del retraso desde el momento en que el demandado es acusado del delito hasta que el caso es llevado a juicio;
- Las razones del retraso, incluyendo la complejidad de completar el trabajo necesario para que el caso sea llevado a juicio, los retrasos causados por la defensa, los retrasos causados por la parte

demandante, los retrasos institucionales tales como la disponibilidad limitada de las fechas de juicio en el tribunal pertinente y otras razones por retraso;

- Si el acusado ha renunciado a cualquier retraso; y
- El perjuicio para el acusado en términos de un juicio justo, como el impacto en la disponibilidad o confiabilidad de la evidencia.

El derecho a la protección contra el *non bis in idem*

155.   Este derecho protege a un acusado de ser juzgado dos veces por el mismo delito, cuando la persona ha sido previamente declarada culpable y cumplida su condena o la persona ha sido absuelta por una sentencia definitiva. Esto también protege a un acusado de ser juzgado de nuevo por un delito menos grave, donde todos los elementos de ese crimen menor están subsumidos en los elementos del crimen más grave. No obstante, este derecho no impide que se lleven a cabo sucesivas investigaciones cuando una investigación no haya dado lugar a sanciones penales, pero se inicia una investigación posterior basada en nuevas pruebas.

156.   La encuesta realizada muestra que estos derechos se conceden casi universalmente. La disponibilidad de estos derechos entre las jurisdicciones encuestadas se muestra en la siguiente tabla.

Figura 10.1. Disponibilidad de los derechos de los sospechosos en casos de delitos fiscales

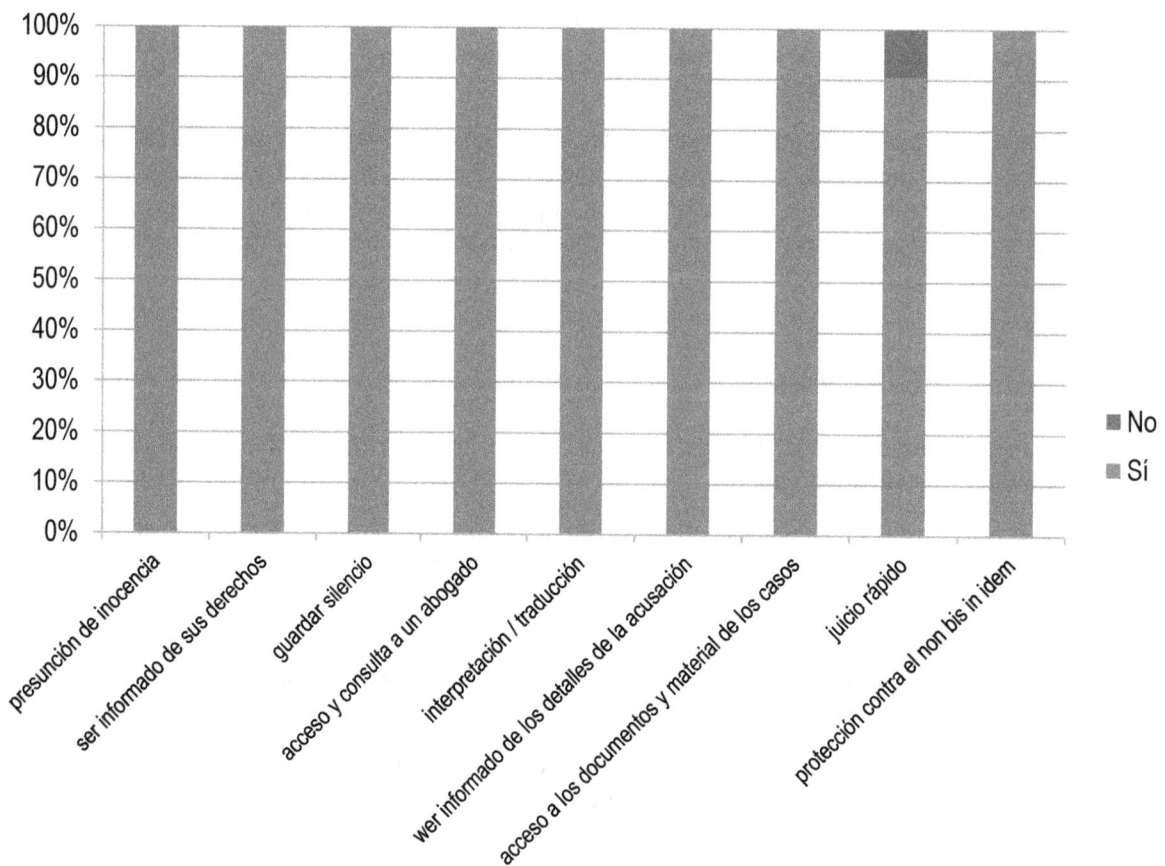

Bibliografía

Comisión Africana de Derechos Humanos y de los Pueblos (2003), *Principles and Guidelines on the Right to a Fair Trial and Legal Assistance in Africa (principios y directrices sobre el derecho a un juicio justo y a la asistencia jurídica en África)*, Unión Africana, https://www.achpr.org/legalinstruments/detail?id=38. [3]

Consejo Europeo (2016), *Comunicado de prensa - La UE refuerza el derecho a la presunción de inocencia*, European Union, https://www.consilium.europa.eu/es/press/press-releases/2016/02/12/eu-strengthens-right-to-presumption-of-innocence/ (accessed on 19 Abril 2021). [6]

Gobierno de Canadá (2021), *The Canadian Charter of Rights and Freedoms*, Minister of Justice of Canada, https://laws-lois.justice.gc.ca/eng/const/page-12.html#h-45 (accessed on 19 April 2021). [5]

Gobierno de Estados Unidos (2002), *Sixth Amendment - Rights of Accused in Criminal Prosecutions*, https://www.govinfo.gov/content/pkg/GPO-CONAN-2002/pdf/GPO-CONAN-2002-9-7.pdf (accessed on 19 April 2021). [4]

Naciones Unidas (1948), *La Declaración Universal de Derechos Humanos*, https://www.un.org/es/about-us/universal-declaration-of-human-rights (accessed on 19 Abril 2020). [1]

The Law Library of Congress (2016), *Miranda Warning Equivalents Abroad*, Global Legal Research Center, https://www.loc.gov/law/help/miranda-warning-equivalents-abroad/miranda-warning-equivalents-abroad.pdf. [7]

Tribunal Europeo de Derechos Humanos, Consejo Europeo (1950-2010), *Convenio Europeo de Derechos Humanos*, https://www.echr.coe.int/Documents/Convention_SPA.pdf (accessed on 19 Abril 2021). [2]

Anexo A. Lista de las Jurisdicciones participantes de la 2ᵈᵃ edición de los Diez Principios Globales

Si bien la intención de este informe es que sea un documento abierto, disponible para toda jurisdicción que desee participar en el ejercicio de evaluación comparativa en el futuro, las estadísticas y casos de estudio exitosos en esta edición fueron actualizados por última vez en abril de 2021. La lista debajo detalla la denominación de las jurisdicciones participantes en orden alfabético y el organismo que ha sido el punto de contacto para el análisis de los contenidos de sus respectivos capítulos por país junto con la Secretaría.

1. Alemania: Ministerio Federal de Finanzas (BMF)
2. Argentina: Administración Federal de Ingresos Públicos
3. Australia: Oficina de Impuestos de Australia (ATO)
4. Austria: Ministerio Federal de Finanzas (BMF)
5. Azerbaiyán: Secretaría Estatal de Impuestos
6. Brasil: Receita Federal de Brasil (RFB)
7. Canadá: Agencia Tributaria de Canadá – Dirección de Investigaciones Penales
8. República Checa: Ministerio de Finanzas
9. Chile: Servicio de Impuestos Internos
10. Colombia: Dirección de Impuestos y Aduanas Nacionales
11. Corea: Servicio Nacional Tributario
12. Costa Rica: Ministerio de Hacienda
13. España: Agencia Estatal de Administración Tributaria de España
14. Estados Unidos: Servicio de Impuestos Internos – Investigaciones Penales (IRS – CI)
15. Estonia: Departamento de Investigaciones de la Dirección General de Impuestos y Aduana de Estonia
16. Francia: Dirección General de Finanzas Públicas
17. Georgia: Servicio de Investigaciones del Ministerio de Finanzas
18. Grecia: Autoridad Independiente de Ingresos Públicos (AADE)
19. Honduras: Unidad de Delitos Tributarios del Servicio de Administración de Rentas
20. Hungría: Dirección Penal de la Administración Nacional de Impuestos y Aduana
21. Irlanda: Administración Tributaria ("Revenue Commissioners")
22. Islandia: Dirección de Investigaciones Tributarias
23. Israel: Autoridad Tributaria de Israel
24. Italia: *Guardia di Finanza* y el Ministerio de Economía y Finanzas
25. Japón: División de Investigaciones Penales de la Agencia Nacional Tributaria
26. México: Procuraduría Fiscal de la Federación (PFF)

27. Noruega: Administración Tributaria
28. Nueva Zelanda: *Inland Revenue* (Agencia de Ingresos)
29. Países Bajos: Servicio de Información e Investigación Fiscal (FIOD)
30. Reino Unido: *Her Majesty's Revenue and Customs* ("Rentas y Aduanas de Su Majestad")
31. Sudáfrica: Servicio de Ingresos de Sudáfrica
32. Suecia: Administración Tributaria
33. Suiza: Administración Tributaria Federal

Anexo B. Capítulos por país

Los capítulos por país detallan los marcos internos de aplicación de la ley tributaria de cada jurisdicción como así también los avances logrados en la implementación de los Diez Principios Globales. Estos informes están disponibles de manera separada en el sitio web de la OCDE: https://www.oecd.org/tax/crime/fighting-tax-crime-the-ten-global-principles-second-edition-country-chapters.pdf (Solamente disponible en Inglés).